Arrêter de culpabiliser

Dans la collection Eyrolles Pratique :

- *Mieux connaître sa personnalité*, J.-F. Decker
- *Savoir et oser dire Non*, S. Famery
- *Oser s'exprimer*, G. Lyr
- *La PNL*, C. Cudicio
- *Sortir des conflits avec les autres*, C. Carré

Sarah Famery

Arrêter de culpabiliser

Nouvelle édition

EYROLLES

Éditions Eyrolles
61, Bld Saint-Germain
75240 Paris Cedex 05
www.editions-eyrolles.com

Direction de la collection « Eyrolles Pratique » : gheorghi@grigorieff.com
Maquette intérieure et mise en page : M2M
Illustrations : Hung

Sommaire

Introduction

Qui ne culpabilise pas ?

Qui ne culpabilise pas ? Sans doute, peu de personnes !

De fait, la culpabilisation est un phénomène très répandu : un jour, à la maison, parce que nous n'avons pas été disponible, que nous n'avons pas réagi à temps, ou pas fait l'effort de... un autre, au bureau, parce que des reproches nous ont été faits, que nous avons commis une maladresse, n'avons pas pris la bonne décision, parce que nous avons refusé une mission... nous culpabilisons. Une fois, vis-à-vis de notre mari ou de notre femme, de notre patron, une autre, vis-à-vis de notre fils, de notre mère, de notre belle-mère, d'un ami... nous culpabilisons, et parfois, paradoxalement, sans même nous en apercevoir !

Il peut s'agir aussi bien de faits anodins – être arrivé en retard, ne pas avoir bouclé un dossier – que de faits plus essentiels, comme ne pas avoir fait le bon choix, ne pas savoir s'engager, ne pas savoir aimer, ne pas savoir s'imposer... Le nombre et la variété de situations dans lesquelles on réussit à culpabiliser sont impressionnants. On peut même finir par culpabiliser de se culpabiliser !...

Au-delà du bien et du mal

Ce malaise ressenti correspond toutefois rarement à une véritable erreur, à une faute précise ou à un acte objectivement reconnu comme « mauvais », nocif.

En réalité, d'un individu à l'autre, d'une situation à l'autre, nous culpabilisons pour des raisons totalement opposées. Je rencontre ainsi des personnes qui se culpabilisent de travailler trop quand d'autres se culpabilisent exactement du contraire, de ne pas travailler assez. D'aucuns se sentent coupables d'être ambitieux, d'autres, de ne l'être pas suffisamment, certains, d'avoir fait des études, d'autres, de ne pas avoir de diplômes, de réussir, d'échouer, d'aimer telle personne ou de ne pas aimer telle autre… C'est bien la preuve que ce n'est pas la situation en soi qui est « bien » ou « mal », mais que c'est nous-mêmes finalement qui avons – reste à savoir pourquoi – cette tendance à toujours nous sentir coupables.

Une impression souvent confuse et contradictoire

D'autre part, il est étonnant de voir à quel point, quand nous culpabilisons, la plupart du temps, tout reste vague, flou, confus… Nous sommes mal à l'aise sans toujours savoir précisément si c'est parce que nous avons tort, parce que les autres l' « ont vu », parce que, au fond de nous, nous savons que nous pourrions ou que nous aurions pu faire mieux. Nous éprouvons un sentiment de culpabilité mais nous n'avons pas toujours envie de savoir ce que l'on nous reproche exactement, ni ce qui nous culpabilise vraiment. Il peut même nous arriver d'ignorer ce que nous nous reprochons vraiment.

La plupart du temps, sans nous sentir complètement en faute, nous ne pouvons nous empêcher de nous faire des reproches. Nous nous sentons coupables tout en sachant le plus souvent confusément que nous n'avons pas eu complètement tort.

En réalité, il est souvent difficile de faire la part des choses, de démêler le vrai du faux, l'important de l'accessoire, et surtout de déterminer ce qui vient de soi et ce qui vient de l'autre, de savoir jusqu'où nous sommes « coupables » et jusqu'où c'est l'autre qui nous culpabilise.

Des paramètres très complexes

Si culpabiliser est un phénomène très répandu, ses origines sont multiples, et, nous le verrons, de natures différentes, ce qui explique d'ailleurs en partie l'origine de la confusion ressentie, de même que la multiplicité des situations dans lesquelles nous pouvons culpabiliser.

Entrent en jeu, en effet, à la fois notre tendance « naturelle » à culpabiliser, liée à notre histoire personnelle, à notre enfance, à notre éducation, l'autre, les autres qui parfois cherchent à nous culpabiliser, la force des normes et des modèles valorisés, l'image que nous avons de nous et/ou celle que nous aimerions donner, et l'exigence que nous avons parfois aussi à l'égard de nous-mêmes. Chacune de ces dimensions pourrait d'ailleurs à elle seule faire l'objet d'un livre tout entier.

Dans cet ouvrage, j'ai choisi de balayer l'ensemble de la problématique. J'ai souhaité en effet, bien que chaque aspect évoqué puisse être approfondi, donner les premières clés et indiquer les principales pistes de réflexion afin de pouvoir identifier, cerner, la nature, le degré de sa culpabilisation, ce qui se joue pour soi, et bien sûr, savoir comment arrêter de culpabiliser ou de se laisser culpabiliser.

Des réponses à vos questions

Cet ouvrage répondra aux questions immédiates que l'on peut se poser, voire que l'on doit se poser quand on culpabilise ou quand quelqu'un dans son entourage a tendance à se culpabiliser :

- Pourquoi avons-nous tendance à nous culpabiliser ?
- Pourquoi et comment les autres nous culpabilisent ?
- Pourquoi certaines personnes réussissent à nous culpabiliser plus que d'autres ?
- Pourquoi, tous, nous sentons-nous un jour ou l'autre, voire tous les jours, coupables de quelque chose ?
- Comment peut-on culpabiliser pour des motifs parfois si différents ?
- Pourquoi pratiquement personne n'échappe à ce sentiment ?

Afin d'être le plus pratique possible, cet ouvrage traite des principales situations dans lesquelles on (se) culpabilise et des grandes causes qui y président. Vous saurez ainsi, dans les situations les plus courantes, comment déjouer plus facilement ce sentiment de culpabilité, désagréable, parasite, parfois handicapant, bloquant et, il faut le dire, toujours stérile – par exemple, arrêter de culpabiliser quand nous sommes en situation d'échec, quand on nous fait des reproches, quand nous ne sommes pas comme nous aimerions, quand quelqu'un nous culpabilise, etc.

Cet ouvrage peut également, chaque fois que vous culpabilisez, vous servir de guide pour progresser et devenir toujours un peu plus libre, davantage vous-même.

Préambule

Culpabiliser, c'est quoi ?

Culpabiliser et culpabilité…

Nous employons *culpabiliser, sentiment de culpabilité* et *culpabilité* assez indifféremment… Distinguer ces ressentis, même s'ils sont tous liés à la notion de « faute », est important si l'on veut cerner précisément ce qui se passe en soi quand on a tendance à culpabiliser. C'est important également pour mesurer l'intensité, la profondeur du malaise.

Se culpabiliser ou *culpabiliser* signifie à priori que l'on nous donne, qu'une situation nous donne ou que l'on se donne à soi-même, à un moment précis, le sentiment d'être coupable.

Cette culpabilisation, certes selon son objet, peut durer plus ou moins longtemps mais, dans la mesure où le sentiment est « donné », elle revêt malgré tout un caractère ponctuel, limité dans le temps.

La *culpabilité*, c'est avoir au fond de soi – quoi qu'il se passe – le sentiment d'être coupable, c'est se penser coupable, se présenter, se déclarer aux autres, se sanctionner comme tel.

En ce sens, c'est un sentiment permanent, beaucoup plus fort, plus profond, et beaucoup plus handicapant aussi que la culpabilisation, dont il est d'ailleurs parfois à l'origine.

Ce sentiment « d'être coupable », nous a bien sûr, lui aussi été « donné » puisque nous ne sommes jamais coupables au sens juridique du terme, mais cette fois dans l'enfance, par le passé, et surtout de manière radicale.

Il est évident que plus nous avons déjà en nous le sentiment d'être coupables, plus les autres seront en mesure de nous le donner, plus nous nous le donnerons régulièrement à nous-mêmes, en d'autres termes, plus nous aurons tendance à culpabiliser ou à nous laisser culpabiliser.

Dans ce livre, nous évoquerons essentiellement – même si la frontière n'est évidemment pas toujours étanche – ce qui relève de la culpabilisation, c'est-à-dire du sentiment que l'on se donne, que l'on nous donne d'être coupables parce que c'est le sentiment le plus répandu, partagé.

Culpabiliser *se donner* le sentiment d'être coupable

Culpabilité = *avoir* le sentiment d'être coupable

L'origine de la confusion

À partir du moment où le sentiment de culpabilité est donné, nous comprenons déjà mieux pourquoi il y a confusion, et ce à plusieurs niveaux.

- Suis-je vraiment coupable ? Jusqu'où ?
- Est-ce l'autre qui me donne un sentiment de culpabilité, ou moi-même ?
- Et si c'est l'autre, jusqu'où a-t-il raison ?
- Où est le vrai, où est le faux ?
- Enfin, dois-je me défendre, ai-je le droit de me défendre ?

Etc.

Si culpabiliser, c'est se donner un sentiment de culpabilité, cela signifie qu'il est essentiel, pour arrêter de culpabiliser, de savoir qui le donne, ce qui le génère et de quelle façon. Pourquoi on se le laisse donner, voire on se le donne tout seul.

Sentiment de culpabilité = sentiment d'être en faute

Que quelqu'un, qu'une situation nous le donne, ou qu'on se le donne soi-même, si nous éprouvons un sentiment de culpabilité, en d'autres termes si nous culpabilisons, c'est que nous avons, à tort ou à raison, le sentiment de faire quelque chose que nous *ne devrions pas faire* ou que nous n'avons pas le droit de faire, d'être quelqu'un que nous *ne devrions pas être*, que nous n'avons pas vraiment le droit d'être.

En effet, quand nous culpabilisons, c'est que l'on nous donne ou que l'on se donne l'impression d'être en faute, d'avoir commis une faute. En d'autres termes, de faire quelque chose de non autorisé, de non souhaité, de non acceptable, de non désirable, par l'autre, les autres.

C'est seulement à partir de cette impression de *faute* que peut intervenir la culpabilisation, comme la culpabilité, d'ailleurs. Sans cela, elles ne se manifesteraient pas. Sans le sentiment de faute, il n'y aurait pas de sentiment de culpabilité. Il y aurait seulement plaisir ou déplaisir, facilité ou difficulté, résultats ou non-résultats, approbation ou non par les autres, etc.

La notion de « devoir »

Nous sentir en faute parce que nous avons l'impression de ne pas faire quelque chose que nous devrions faire, de ne pas être ce que nous devrions être, c'est bien d'une certaine manière avoir l'impression de ne pas faire notre *devoir*.

De fait, on nous a inévitablement, depuis l'enfance, implicitement ou explicitement, donné voire imposé un certain nombre de devoirs, devoirs que nous nous donnons aussi. Ainsi, dès que nous ne les remplissons pas, pas complètement ou imparfaitement, nous sommes potentiellement en état de culpabilisation.

Voilà pourquoi les multiples situations propres à nous culpabiliser varient tant d'un individu à l'autre.

Culpabiliser

=

(se)donner le sentiment d'être **coupable**

↓

(se) donner le sentiment d'être **en faute**

↓

avoir le sentiment de ne pas faire son « **devoir** »

Avoir vraiment l'impression d'être « coupable »

Même si, quand nous culpabilisons, nous ne faisons qu'avoir reçu ou que nous donner le sentiment d'être coupables, nous éprouvons en général les mêmes craintes que si nous l'étions vraiment ! Nous ne sommes pas coupables, nous n'en aurions peut-être même pas le sentiment, si ce n'était les autres qui nous le donnaient, et pourtant, en notre for intérieur, c'est en définitive exactement comme si nous l'étions. C'est d'ailleurs pourquoi la sensation de malaise est si forte.

Nous craignons le jugement des autres, leur regard parfois, nous sommes tentés de mentir, de trouver des excuses, des prétextes et, surtout, nous redoutons la sanction liée à la faute, sanction que nous avons en général tendance à amplifier : rétention, retard, échec, rejet, exclusion, perte de crédibilité, perte de l'estime ou de l'amour de l'autre sous toutes ses formes.

Du coup, nous voyons bien le glissement, pour ne pas dire le dérapage, qui s'opère entre le fait objectif, parfois totalement anodin, banal, minime, pour lequel nous allons culpabiliser, et le sentiment profond d'être en faute, avec toute la chaîne d'émotions et de peurs qui s'y rattache.

Dernières précisions

Gêne et culpabilisation

Il convient de distinguer « culpabiliser » et le fait d'être « gêné, ennuyé ». Le terme est aujourd'hui tellement passé dans le langage courant que l'on a tendance à le banaliser. Nous pouvons être confus, par exemple, d'arriver en retard ou d'avoir manqué à quelqu'un, sans éprouver un sentiment de culpabilité, sans culpabiliser. Dans ce cas, en effet, nous ne sommes que gênés, mal à l'aise, mais ne culpabilisons pas.

Se culpabiliser n'est pas seulement être embarrassé, c'est bien se donner un sentiment de culpabilité, se sentir en faute. Dans le premier cas, la plupart du temps, la gêne passe après que l'on s'est excusé. Dans l'autre, cela provoque une charge émotionnelle négative que nous aurons davantage de mal à évacuer et qui risque de venir, au fil des jours, s'ajouter à d'autres et finir par nous déstabiliser.

Remise en cause et culpabilisation

Enfin, rappelons-nous que remise en cause et culpabilisation sont deux choses différentes. Il est possible de se remettre en cause sans culpabiliser, sans se donner le sentiment d'être coupable. Nous pouvons en effet nous questionner, faire notre autocritique, nous demander si nous avons eu raison ou tort, sans ressentir le moindre sentiment de culpabilité. Dans ce cas, d'ailleurs, la remise en cause peut réellement avoir lieu puisque, précisément, nous ne nous sentons pas coupables. Nous pouvons aussi, bien sûr, à la fois nous remettre en cause et culpabiliser : malheureusement, l'un n'empêche pas l'autre !

Culpabiliser, c'est quoi ?

Nous culpabilisons quand, ayant fait une erreur, en n'ayant pas agi ou réagi comme nous l'aurions souhaité ou comme les autres l'auraient souhaité, nous nous *laissons* donner l'impression d'être coupable, c'est-à-dire d'avoir commis une faute pour laquelle les autres vont nous juger et probablement nous sanctionner.

Ne pas/plus culpabiliser, c'est quoi ?

Nous ne culpabilisons plus quand, en ayant fait une erreur, quand nous n'avons pas agi ou réagi comme nous l'aurions souhaité ou que les autres l'auraient souhaité, nous reconnaissons cette erreur, cette faille, et que nous cherchons à dialoguer avec nous-mêmes ou avec les autres et/ou à trouver une solution, à faire évoluer la situation.

Première partie

Un problème bien posé est déjà à moitié résolu

Chapitre 1

Les bonnes questions à se poser

Comme dans beaucoup d'autres domaines, se poser les bonnes questions, d'une part, regarder la réalité en face, d'autre part, sont deux conditions qui permettent véritablement de résoudre une partie des problèmes.

Toutefois, quand il s'agit de comportements, notamment s'ils sont liés, comme la culpabilisation, à des sensations désagréables, inconfortables, nous pouvons avoir tendance, une fois la « crise » passée, à vouloir, au moins jusqu'à la prochaine fois, « oublier ». C'est humain.

De fait, dans la mesure où la culpabilisation, comme le manque de confiance en soi, la difficulté à s'affirmer, crée un malaise, une sensation d'insécurité, nous préférons parfois paradoxalement en supporter régulièrement les conséquences, même si elles sont négatives, plutôt que d'y *entrer*, comme si on allait avoir encore plus de mal à en sortir.

De plus, comme nous nous sentons un peu honteux, nous refusons de *regarder*, nous préférons *ignorer*. Cette attitude concerne d'autant plus la culpabilisation que, comme nous le verrons, reconnaître que nous culpabilisons, reconnaître *qui* nous culpabilise, c'est inévitablement, à plus ou moins longue échéance, être *obligé* de prendre ses responsabilités. Or, là encore, souvent, nous préférons différer.

Nous pouvons également ne pas vouloir nous écouter dans la mesure où *s'écouter*, penser à *soi*, est un signe de valorisation personnelle et peut donc être vécu en tant que tel comme culpabilisant.

Je vous propose donc d'entrer dans votre culpabilisation pour mieux en *sortir*. Y entrer, c'est-à-dire l'analyser, en faire le tour, en repérer les détails, regarder de près dans quelles situations vous culpabilisez et/ou qui précisément vous culpabilise, trouver des liens... Nous cherchons trop souvent les solutions avant d'avoir correctement posé le problème ; la « recette » avant d'avoir *regardé*, de s'être regardé. Regarder, c'est devenir acteur et ne plus subir, ne plus fuir, c'est *voir* ce que *nous nous faisons vivre*, et c'est aussi pouvoir changer.

À quoi voit-on que l'on culpabilise ?

A priori, on peut penser, lorsque nous (nous) culpabilisons, que nous le savons et que nous en sommes conscients. Toutefois, même si cela paraît étrange, puisque nous en sommes les premières victimes, il nous est parfois difficile de voir que nous culpabilisons – pour les raisons déjà évoquées, mais également parce que nous croyons alors tellement *être en faute* que nous en perdons tout recul, toute objectivité, toute défense, et ne réalisons pas ce qui se passe. Nous pouvons aussi vouloir protéger la personne qui nous culpabilise, surtout lorsqu'il s'agit d'une relation affective.

Ainsi, plus fréquemment que nous ne le pensons, il est possible de ne pas identifier que nous culpabilisons. Nous croyons culpabiliser un peu (d'autant que le terme est devenu à la mode) mais en réalité nous culpabilisons beaucoup. De même, nous pouvons avoir repéré que nous culpabilisons dans un domaine mais pas dans un autre.

Évidemment, si nous ne réalisons pas que nous culpabilisons, le risque est, dans la mesure où le diagnostic n'est pas posé, d'avoir plus de difficultés à remédier à la situation. Le mal peut tranquillement continuer à faire des ravages ! Si nous n'avons pas conscience, par exemple, d'en faire trop parce que nous culpabilisons, il devient plus difficile à la fois de se débarrasser du symptôme et de (se) sortir de la culpabilisation, d'arrêter de culpabiliser.

Inévitablement, culpabiliser a des effets à la fois directs et indirects sur nos réactions et nos comportements. En dehors de l'impression de malaise, il existe, quand on culpabilise, d'autres signes, d'autres symptômes, que l'on peut repérer ou non comme tels : perte de moyens, « prises de tête », dépression, stress, blocages...

Toutefois, même quand on culpabilise beaucoup, cumuler tous les symptômes ne permet pas toujours de réaliser son degré de culpabilisation... sans quoi le signal serait donné beaucoup plus tôt !

Les signes directs

Voici les effets plus ou moins immédiats que l'on subit quand on culpabilise.

L'impression d'être vraiment en faute

Il peut arriver de culpabiliser si fortement que l'on se croit vraiment fautif, en faute, avec toutes les sensations de malaise, de fragilisation, d'insatisfaction, de dysharmonie, qui y sont liées et sans avoir conscience précisément de culpabiliser.

Les « prises de tête »

Quand on se « prend la tête » régulièrement ou énormément par rapport à une situation précise, il est à parier que l'on culpabilise. Quand on regrette, quand on doute, quand on revient en arrière, quand on rumine, quand on pense avoir eu tort, quand on se fait des reproches, quand on veut réexpliquer, excuser, quand on éprouve le besoin de toujours revenir sur les mêmes sujets, même en trouvant tous les arguments possibles pour expliquer qu'il y a des raisons objectives à notre inquiétude, bref, quand on se « prend la tête »... c'est que l'on culpabilise.

Ce signe est a priori l'un des plus facilement repérables.

Les doutes

Quand on doute ponctuellement, trop souvent et/ou trop longtemps de ses idées, de ses positions, de ses choix, de ses décisions, il y a de fortes chances pour qu'il s'agisse de culpabilisation.

La perte de moyens

Lorsque, subitement ou progressivement, on perd ses moyens, on ne trouve plus ses arguments, on a du mal à raisonner, on perd de vue ses priorités, oubliant même parfois pas de se défendre ou de se protéger, voire quand on est inhibé, bloqué, il est probable que l'on se culpabilise.

Des attitudes infantiles, immatures

L'envie de mentir, de cacher, de ne pas tout dire, d'accuser les autres, de ne pas prendre ses responsabilités, de trouver de fausses excuses – d'avoir donc des réactions plutôt immatures – est le signe d'une culpabilisation.

Quand on en fait « trop »

Souvent, quand on culpabilise, on a tendance, à tort ou mal à propos, à « trop » en faire : trop d'explications, de justifications, d'excuses, mais aussi travailler trop, rendre trop de services, être trop disponible, trop à l'écoute, trop prendre en compte l'intérêt de l'autre, voire prendre trop de responsabilités, etc. « Trop » est, dans la plupart des cas, synonyme de culpabilisation. En effet, dès que le « don » aux autres est excessif, il peut s'agir de culpabilisation, voire de culpabilité.

Totalement surchargée

Mariée, trois enfants, Catherine est assistante et actuellement surchargée de travail. Elle vient d'obtenir une promotion mais, bien que sa compétence soit reconnue par tous, elle a l'impression de ne pas vraiment la mériter, de ne pas faire assez bien, de ne pas en faire assez, de ne pas avoir le niveau requis.

De plus, l'entreprise étant en restructuration, on a peu de temps pour dialoguer avec elle, lui dire éventuellement ce qui va ou ne va pas. Parallèlement, toujours du fait de la restructuration en cours, elle ne travaille plus uniquement pour son patron, mais aussi pour un autre directeur, qu'elle ne connaît pas et qui la met nettement moins en confiance dans la mesure où il est dur, très exigeant, avec une tendance à faire des remarques plutôt incisives.

Comme elle se sent à priori en « faute », elle en fait beaucoup trop : elle passe trop de temps sur ses dossiers, est trop disponible pour ses patrons, et même pour ses collègues, auxquels elle est toujours prête à rendre service.

Chez elle, c'est un peu la même chose. Elle a l'impression de ne pas en faire assez, se reproche de ne pas être une bonne mère, ni d'être assez féminine.

Alors elle a tendance à céder un peu trop aux caprices de ses enfants, à toutes leurs demandes, ainsi qu'à celles de son mari, en assumant bien plus que sa part...

Et, bien que surchargée de travail, elle trouve cela normal. Elle ne se rend pas compte qu'en réalité, au-delà de son caractère serviable, de son énergie, de sa résistance, c'est parce qu'elle culpabilise qu'elle en fait tant et finit par être débordée.

Les signes indirects

Culpabiliser peut avoir des effets plus indirects sur nos comportements et nos réactions, mais tout aussi significatifs : le stress, l'anxiété, la perte de confiance en soi, le blocage, l'autodévalorisation, la dépression, etc.

■ *Le stress*

Prenons le stress, par exemple : l'état d'insécurité intérieure ou de surcharge permanente, lié à une tendance trop forte à se culpabiliser, crée une pression, une tension, une frustration telles que l'on finit par être stressé.

■ *Les impasses*

On peut également se trouver bloqué, dans une impasse, parce que l'on culpabilise à l'idée de prendre telle ou telle décision, etc.

■ *Le manque ou la perte de confiance en soi*

Le manque ou la perte de confiance en soi peut être le signe d'une tendance à culpabiliser : à force de douter, de se questionner, de se mettre en cause, on finit par perdre confiance en soi.

Se mettre à douter de tout

Pierre vient d'apprendre qu'il est en mobilité et qu'il n'a pour l'instant plus de poste. À quarante-sept ans, ingénieur qualité, il avait pour la première fois le management d'une équipe relativement importante.

Il vit cette annonce comme un véritable échec personnel, d'autant qu'il attendait une promotion depuis déjà deux ans et que la pression exercée par sa femme n'arrange pas les choses.

On lui fait des reproches, pas très clairement d'ailleurs, et on lui fait un peu porter un « échec » dont il n'est pas entièrement responsable. Le poste était surdimensionné, dans un contexte humain extrêmement délicat, et Pierre n'avait pas reçu au préalable de formation au management. Bien sûr, une partie des reproches est justifiée : il a commis des maladresses, manqué d'initiative, il a fait des erreurs de communication.

Parti de rien, ayant gravi un à un les échelons, il se culpabilise et se retrouve complètement déstabilisé. Petit à petit, un tas de questions et de reproches l'assaillent. Était-il fait pour ce poste ? Est-il compétent ? Est-il capable de manager ? Est-il suffisamment organisé ? Méthodique ? Va-t-il suffisamment au fond des choses ? Au bout du compte, ne se surestime-t-il pas ?

Cet « échec » finit par le faire douter de ses véritables compétences et par lui faire perdre de vue qu'il a simplement à… intégrer quelques notions de base en management !

■ *La dépression*

Même si c'est moins fréquent, la dépression peut être un signe de culpabilisation. Beaucoup de dépressions sont l'expression d'une culpabilité larvée. Se sentant en faute, on s'accuse, on a honte, on se dévalorise, on se referme sur soi, on n'a plus envie de rien, on ne se croit plus capable de quoi que ce soit… Bref, on déprime.

Impression de ne pas être à la hauteur

Serge est mal dans sa peau, complètement stressé, et il a perdu toute confiance en lui.

Il commence par me raconter qu'un an plus tôt le groupe pour lequel il travaillait en tant que comptable depuis vingt-cinq ans a fusionné avec une autre entreprise. Il a retrouvé un poste intéressant dans la nouvelle entité, mais depuis quelques mois sa situation professionnelle se dégrade et, surtout, son comportement a beaucoup changé.

Il vient d'être mis en arrêt maladie car il est en « dépression ». Plutôt positif, jovial en règle générale, n'ayant jamais eu professionnellement de difficultés particulières, il ne comprend pas ce qui lui arrive.

Avant d'être arrêté, quand il ne dormait pas, il revoyait toute la nuit la journée passée, se demandant sans cesse s'il n'avait pas fait d'erreurs, s'il avait eu raison d'intervenir en réunion, si on ne l'avait pas pris pour un « idiot ». Il pensait à ce qu'il allait dire pour expliquer le fait que son dossier ne soit pas prêt.

Il se surprenait à mentir et s'en trouvait ridicule. Il n'osait plus prendre de décision, d'initiative. Il ne se sentait pas bien dans sa nouvelle équipe, ni avec son nouveau patron qui leur faisait, à lui ainsi qu'à ses anciens collègues, beaucoup de reproches sur leur manière de travailler, valorisant sans arrêt les siennes.

Aujourd'hui, l'idée de reprendre le travail l'angoisse, il ne croit plus en lui, doute de ses compétences, il a toujours l'impression de mal faire et remet même en cause toute sa carrière. Peut-être n'a-t-il jamais été « bon » ?

En réalité, Serge se culpabilise du fait que sa société ait été rachetée et vit comme un échec le fait d'avoir été du côté des « perdants ». De plus, les reproches qui lui sont plus ou moins clairement adressés, le regard négatif que l'on porte sur lui en tant qu'« ex », les différences de traitement qu'il note en fonction de l'appartenance ou non à son ancienne société, lui donnent l'impression de ne pas être à la hauteur dans sa nouvelle mission, de ne pas faire ce qu'il faut. Du coup, il se sent tellement en faute qu'il est en dépression.

Toutefois, au moment de notre rencontre, il ne réalisait pas qu'au fond il culpabilisait autant. Il pensait vraiment ne plus être à la hauteur et n'appréhendait pas du tout l'origine de son problème.

Les principaux symptômes de la culpabilisation

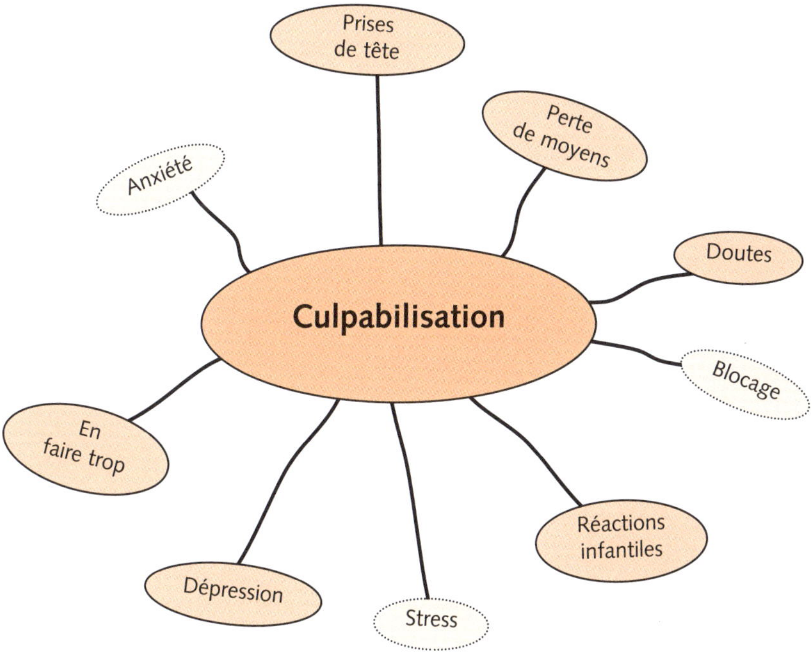

Savez-vous bien repérer que vous culpabilisez ?

....

....

....

....

Quels en sont chez vous les principaux signes ?

....

....

....

....

Les aviez-vous tous repérés ?

....

....

....

....

....

Si non, à votre avis, pourquoi ?

....

....

....

....

....

Chapitre 2

Faites votre diagnostic

Je vous propose maintenant d'identifier précisément quelle situation déclenche en vous le sentiment d'être en faute, vous culpabilise particulièrement, ce qui exactement vous met dans cet état ; jusqu'où et de quoi, au fond, vous vous sentez coupable. De quelle faute vous croyez-vous l'auteur ?

Tant que vous n'aurez pas répondu à toutes ces questions, il vous sera difficile d'arrêter de culpabiliser. Plus votre diagnostic sera précis, plus vous pourrez identifier l'origine de votre sentiment de culpabilité, ses raisons à la fois particulières et profondes, sa nature exacte, et savoir dès lors plus facilement comment vous en libérer. De l'origine, du type de culpabilisation, dépendra le remède.

En effet, si la culpabilisation signifie toujours se sentir en faute, il est essentiel de pouvoir cerner sa *propre mécanique* de culpabilisation, de découvrir de quoi elle est faite, pour pouvoir prendre le recul nécessaire.

Jusqu'où avez-vous tendance à vous sentir coupable ?

Outre les situations ou les individus particulièrement culpabilisants, si l'on *a* déjà en général un sentiment de culpabilité, on aura *naturellement* davantage tendance à se laisser culpabiliser. Je vous propose donc de découvrir avant tout quelle est votre tendance à la culpabilisation.

1. Avez-vous l'impression que vous auriez pu faire mieux ?

Rarement ❍
La plupart du temps ❍
Toujours ❍

2. Avez-vous du mal à savoir ce que vous voulez ?

Rarement ❍
La plupart du temps ❍
Toujours ❍

3. Défendez-vous vos intérêts ?

Facilement ❍
Difficilement ❍
Très difficilement ❍

4. Êtes-vous mal à l'aise quand vous arrivez à vos fins ?

Rarement ❍

La plupart du temps ❍

Toujours ❍

5. Vous remettez-vous en cause avant de remettre en cause les autres ?

Jamais ❍

Souvent ❍

Toujours ❍

6. Avancez-vous dans la vie ?

Facilement ❍

Difficilement ❍

Très difficilement ❍

7. Êtes-vous content de vous ?

En général ❍

Rarement ❍

Jamais ❍

8. Vous méfiez-vous de ce qui vous tient le plus à cœur ?

Jamais ❍

Souvent ❍

Toujours ❍

9. Êtes-vous sur la défensive ?

Rarement ❍

Souvent ❍

Toujours ❍

10. Avez-vous le sentiment que les autres vont forcément vous juger ?

Rarement ❍
Souvent ❍
Toujours ❍

11. Avez-vous le sentiment d'avoir à « donner » plus ?

Rarement ❍
Souvent ❍
Toujours ❍

12. Avez-vous du mal à vous faire plaisir ?

Rarement ❍
Souvent ❍
Toujours ❍

13. Vous faites-vous des reproches ?

Rarement ❍
Souvent ❍
Toujours ❍

14. Trouvez-vous facilement votre « place » ?

La plupart du temps ❍
Assez rarement ❍
Jamais ❍

15. Êtes-vous mal à l'aise quand vous résistez à une demande de votre entourage ?

Rarement ❍
La plupart du temps ❍
Toujours ❍

16. Écoutez-vous vos désirs profonds ?

Toujours ❍
Assez rarement ❍
Jamais ❍

17. Avez-vous l'impression d'avoir tort ?

Rarement ❍
Souvent ❍
Toujours ❍

18. Êtes-vous quelqu'un d'inhibé ?

Rarement ❍
La plupart du temps ❍
Toujours ❍

19. Vous accordez-vous du temps ?

Toujours ❍
Souvent ❍
Rarement ❍

20. Allez-vous spontanément vers le bonheur ?

Toujours ❍
La plupart du temps ❍
Rarement ❍

Questions impaires

Chaque fois que vous avez coché la première réponse, comptez 1 point, 2 pour la seconde, 3 pour la troisième. *Totalisez le nombre de points.*

Questions paires

Chaque fois que vous avez coché la première réponse, comptez 2 points, 4 pour la seconde, 6 pour la troisième. *Totalisez le nombre de points.*

Faites le total des questions paires et impaires

- **Entre 60 et 90 points** – Vous avez une très forte tendance à culpabiliser.
- **Entre 30 et 60 points** – Vous avez une assez forte tendance à culpabiliser.
- **En dessous de 30 points** – Vous avez une faible tendance à culpabiliser.

Plus vous avez de points dans les réponses paires, plus cette tendance est profonde.

Quand avez-vous le plus tendance à vous culpabiliser ?

Certaines situations nous culpabilisent plus que d'autres. Pas forcément parce que leurs conséquences sont objectivement plus graves ou importantes, mais parce qu'elles résonnent fortement en nous et nous donnent alors particulièrement l'impression d'avoir commis une faute.
Peut-être est-ce déjà clair pour vous, mais, dans tous les cas, regarder, prendre le temps de voir ce qui vraiment nous culpabilise est un acte libérateur en soi. Si toutes les situations que je vais évoquer vous culpabilisent, la bonne question alors ne sera plus de repérer « quand ? » mais « pourquoi ? ».

■ *... quand quelqu'un vous fait des reproches ?*

❍ Oui

❍ Non

Dans de nombreuses situations, avec des intentions plus ou moins saines, plus ou moins positives, on nous fait des reproches, justifiés ou non, explicites ou implicites, à travers le ton employé, une question, une remarque, une absence de remarque, etc. Il est possible alors d'y réfléchir, d'argumenter, de les réfuter, de s'adapter. Mais aussi de culpabiliser !

■ ***... quand vous rencontrez des difficultés personnelles, professionnelles, relationnelles ?***

❍ Oui

❍ Non

Nous avons tous, un jour ou l'autre, dans notre travail, nos relations, à la maison, en famille, des reproches à nous faire par rapport à une réaction ou une absence de réaction, un comportement, un raté, une bêtise, une maladresse, un défaut, etc.

Toutefois, nous risquons davantage de culpabiliser quand nous nous trouvons en difficulté, en situation de blocage, en crise : conflit, impasse professionnelle, moindre réussite, difficulté relationnelle, conjugale, solitude, tournant de vie, etc. C'est évidemment en situation difficile, délicate, que nous sommes le plus enclins à nous faire des reproches ; et, à priori, même si ce n'est pas toujours le cas, plus la situation est d'importance et le reproche, impliquant, plus nous avons tendance à culpabiliser.

■ ***... quand vous vivez un « échec » ?***

❍ Oui

❍ Non

Plus fortement encore que lorsque nous sommes en difficulté, nous pouvons nous culpabiliser quand nous sommes en situation d'échec ou en tout cas, quand nous le vivons comme tel : refus de promotion, mise en mobilité, licenciement, séparation, rupture, etc.

Nous avons alors tendance à nous culpabiliser, d'autant plus qu'il existe une réalité objective – on est bien en faute puisqu'il y a échec ! – et que nous avons en général toujours, en mode mineur ou majeur, quelque chose à nous reprocher dans ce type de situation, ne serait-ce que de ne pas avoir réagi à temps.

■ ***... quand quelqu'un vous culpabilise ?***

❍ Oui

❍ Non

Nous pouvons aussi avoir le sentiment d'être en faute seulement ou surtout lorsqu'une personne ou un type de personne nous culpabilise.

Cette culpabilisation se révèle souvent douloureuse et inhibante. D'abord, elle est permanente : quoi que nous fassions, quoi qu'il se passe, la présence de cette personne ou de ce type de personne culpabilise, fragilise. Ensuite, celle-ci peut le faire « exprès » : nous sommes alors entrés dans un jeu dont il va falloir sortir. Enfin, la dimension affective, si elle existe – mais c'est souvent le cas –, rend les choses plus difficiles : en effet, nous craignons alors de décevoir, de déplaire, de ne plus être acceptés, etc.

■ ***... quand vous avez à vous affirmer ?***

❍ Oui

❍ Non

Peut-être vous culpabilisez-vous non parce que vous avez des reproches à vous faire (vous pouvez là parfaitement vous responsabiliser et faire la part des choses), mais chaque fois que vous avez à dire « non », à donner votre avis, à vous positionner, à affronter un conflit, à vous réaliser ?

La peur de décevoir

Jean-Marie, qui a essuyé en l'espace de quelques années un divorce et un licenciement, a toujours su réagir, prendre ses responsabilités, sans culpabiliser particulièrement.

Ce qui, en revanche, le culpabilise, c'est d'avoir aujourd'hui à refuser un poste pourtant très intéressant en province, que son patron vient de lui proposer mais qui ne l'arrange pas du tout compte tenu de sa nouvelle organisation familiale. Il estime beaucoup cet homme, qu'il a peur de décevoir.

Jean-Marie a, parallèlement, depuis un certain temps, un autre projet dont il n'a encore absolument pas parlé : quitter l'entreprise pour créer sa propre structure… rêve qui lui a toujours tenu à cœur.

Il dort très mal et tourne depuis déjà un certain temps le problème dans tous les sens sans réussir à prendre une décision. En fait, c'est l'idée d'avoir à dire non à son directeur mais aussi l'idée de réaliser son projet s'il finit par quitter l'entreprise qui le culpabilise.

- ***… quand simplement vous pensez que vous auriez pu faire mieux ?***

❍ Oui

❍ Non

Nous pouvons culpabiliser sans que qui que ce soit ne nous fasse de reproches, ne se soit aperçu de l'erreur, du manque, sans rencontrer aucune difficulté objective, simplement en sachant ou en croyant que nous pourrions faire mieux.

- ***... quand vous n'êtes pas exactement comme vous aimeriez être ?***

❍ Oui

❍ Non

Quels que soient la situation objective, le degré de réussite, la difficulté à surmonter, nous pouvons culpabiliser parce que nous ne sommes pas ou n'avons pas été comme nous aurions aimé être, plus précisément parce que nous ne correspondons pas à l'image que nous avons de nous-mêmes et/ou à celle que nous aimerions donner.

Nous pouvons nous imposer d'être parfaits, excellents, de tout maîtriser, tout réussir, et toujours nous culpabiliser ensuite de n'être pas comme nous le souhaiterions, comme en réalité nous nous demandons d'être. Du coup, nous « autoculpabilisons ». Et c'est un sentiment de culpabilité souvent très fort.

- ***... quand un aspect de votre vie ne correspond pas à ce que vous désirez ?***

❍ Oui

❍ Non

Enfin, il est possible de culpabiliser parce que nous savons, au fond, ne pas réaliser, ne pas vivre ce que nous désirons profondément.

Coupable de ne pas savoir aimer

Directrice marketing, trente-sept ans, Sylvie vit seule et culpabilise, pas tant d'être seule que de savoir qu'elle ne fait rien pour rencontrer quelqu'un, qu'elle n'y est pas prête non plus, et surtout, au fond, qu'elle est immature et ne sait pas aimer.

Parallèlement, comme elle très exigeante avec elle-même, elle vit mal le fait de ne pas mieux contrôler sa vie. Dans son travail, elle culpabilise également de ne pas avoir davantage confiance en elle, d'avoir là aussi des réactions parfois assez infantiles.

En fait, elle sait qu'elle ne vit pas au mieux de ses potentiels. Elle aimerait en réalité grandir et vivre autre chose, et c'est pour cela essentiellement qu'elle culpabilise.

D'une certaine manière, elle se sent en « faute » par rapport à ce qu'elle sait devoir faire et par rapport à ses désirs que, pour l'instant, elle ne réalise pas.

■ ***... tout le temps, tout seul ?***

❍ Oui

❍ Non

Nous pouvons aussi culpabiliser quelles que soient nos réussites, les preuves d'affection et d'estime dont nous sommes entourés, pour des choses importantes, futiles, les deux, tout le temps, pour tout : être parti trop tôt, trop tard, ne pas avoir fini à temps, ne pas s'être préparé suffisamment, ne pas avoir eu la bonne attitude, le bon réflexe, s'être un peu énervé, avoir relancé, ne pas avoir relancé, être timide, spontané, changeant, égoïste, ne pas savoir mener sa carrière, ne pas savoir s'imposer, etc. Et même avoir eu l'idée de, la pensée de...

Quand avez-vous le sentiment d'être le plus en faute ?

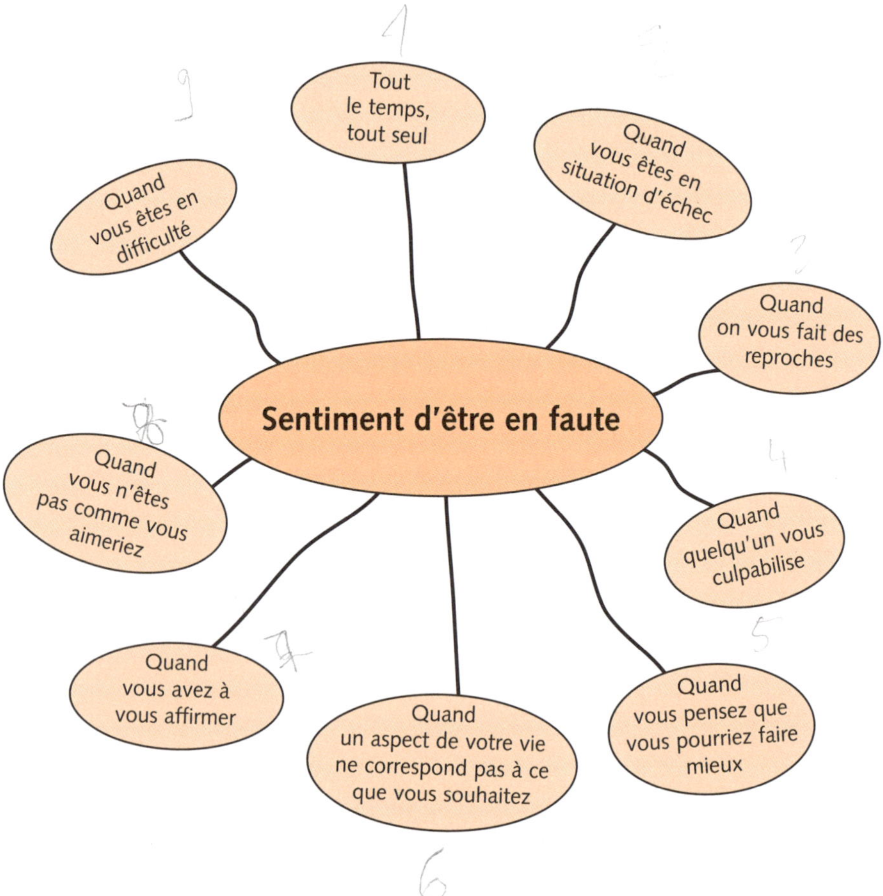

Indiquez par ordre d'importance, si vous pouvez hiérarchiser, quand vous avez le plus le sentiment d'être en faute.

1. 8 ....
2. 3 ....
3. 4 ....
4. 5 ....
5. 6 ....
6. 2 ....
7. 1 ....
8. 7 ....
9. 9 ....

Alors, qu'est-ce qui vous fait le plus culpabiliser ?

... *quand il existe une « sanction » ?*

Si vous avez coché l'une des trois premières réponses, c'est plutôt une sanction qui vous fait culpabiliser – reproches, difficultés, échecs...

- Soit vous êtes particulièrement sensible à la notion de « devoir », notamment : devoir de réussir, de bien faire, d'être parfait...
- Soit vous n'avez pas assez tendance à vous remettre en cause. Vous tombez donc des nues quand des reproches vous sont adressés car vous pensiez être irréprochable pour ne pas dire « parfait ». C'est alors que vous culpabilisez.
- Soit vous avez du mal à prendre vos responsabilités.

... quand quelqu'un vous donne le sentiment d'être en faute ?

Si vous avez coché la 4e réponse, c'est plutôt une personne qui est en mesure de vous culpabiliser. Reste à savoir qui...

- Soit vous êtes particulièrement sensible à l'autorité.
- Soit la personne cherche consciemment ou inconsciemment à vous culpabiliser, et, même si vous n'avez pas particulièrement tendance à vous sentir en faute, elle y parvient ; nous verrons comment c'est possible.
- Soit la personne en question vous rappelle une relation qui vous a particulièrement culpabilisé dans le passé.
- Soit il s'agit de quelqu'un qui a, d'une manière ou d'une autre, un pouvoir sur vous.
- Soit c'est vous-même qui attribuez un pouvoir et/ou abandonnez votre pouvoir à cette personne, avec probablement une assez forte tendance à vous inférioriser.

... quand vous vous donnez vous-même le sentiment d'être coupable ?

Si vous avez coché la réponse 5, 6, 7, 8 ou 9, c'est a priori vous-même, au-delà des circonstances extérieures, qui vous donnez le sentiment d'être coupable.

- Soit vous avez un fort sentiment de culpabilité, voire vous vivez dans la culpabilité dans la mesure où c'est toujours vous qui donnez le signal.
- Soit vous avez une forte image idéale de vous, un niveau d'exigence vis-à-vis de vous-même élevé.
- Soit vous avez profondément le sens de vos responsabilités, vous savez ce que vous avez à faire. Votre écueil alors est de culpabiliser au lieu simplement de prendre conscience que vous n'en êtes pas encore là où vous aimeriez (en) être.

Culpabilisez-vous beaucoup ?

Il est permis de penser que plus nous culpabilisons souvent, plus nous culpabilisons longtemps, plus nous avons tendance à culpabiliser tout court. C'est en partie vrai, même si cela mérite d'être nuancé.

Culpabilisez-vous rarement ?

❍ Oui

❍ Non

Vous culpabilisez très ponctuellement, quand on vous fait des reproches, quand vous êtes en difficulté, en situation d'échec, mais, en dehors de ces circonstances précises, vous culpabilisez très rarement et une fois le problème résolu, la personne disparue, l'échec intégré, vous ne culpabiliserez plus avant un bon moment.

■ ***Culpabilisez-vous souvent ?***

❍ Oui

❍ Non

Souvent, dans les mêmes circonstances que les précédentes, vous vous culpabilisez, mais cette fois assez fréquemment, quelles qu'en soient les raisons.

■ ***Culpabilisez-vous en permanence ?***

❍ Oui

❍ Non

Vous culpabilisez en permanence, dans toutes les situations, qu'il s'agisse de faits anodins ou d'aspects plus essentiels de votre vie, pour tout et rien, en situation de réussite comme d'échec, quoi que vous fassiez, vous vous reprochez sans cesse quelque chose, vous n'êtes jamais en paix.

Avant, pendant, après ?

Nous pouvons bien sûr culpabiliser avant, pendant ou après un acte, une décision, un fait. Tout est possible, mais le sens et la profondeur de la culpabilisation ne sont pas identiques selon que nous culpabilisons avant, pendant, avant et pendant, avant, pendant et après, ou après seulement. Plus cela dure et plus ce sentiment est ancré et profond.

Quand nous culpabilisons longtemps, cela signifie que nous avons du mal à croire en nous, et que nous vivons en *état* de culpabilité.

- ***Culpabilisez-vous avant ou pendant ?***

❍ Oui

❍ Non

Pas le droit de refuser

Juliette, ingénieur informatique, sait qu'en refusant la responsabilité d'une équipe plus importante elle risque de mettre son service dans l'embarras, sûrement aussi d'irriter la direction. Pourtant, elle se trouve à un moment de la vie où elle désire autre chose.

Elle se sent coupable de refuser, hésite, ne s'en sent pas le droit mais, une fois la décision prise, elle est ravie, n'y pense plus, voire se félicite d'avoir fait ce choix qui, pour elle, correspond à un nouveau départ et marque son affirmation.

- ***Culpabilisez-vous avant et pendant ?***

❍ Oui

❍ Non

- ***Culpabilisez-vous avant, pendant et après ?***

❍ Oui

❍ Non

■ ***Culpabilisez-vous longtemps après ?***

❍ Oui

❍ Non

Dans ce cas, soit vous n'avez pas fait le bon choix, soit vous ne vous autorisez pas à vivre votre vie.

Accepter de se faire plaisir

François, quarante-cinq ans, directeur commercial, a pris il y a deux ans un poste à l'étranger qui lui convient vraiment et dont il avait toujours rêvé.

Il est issu d'un milieu paysan. Aucun membre de sa famille n'a quitté la terre, et tous sont restés dans la même région. Déjà, avoir choisi, à l'âge de vingt-cinq ans, de venir travailler à Paris, en entreprise, avait été une véritable transgression.

Depuis lors, tout en en étant conscient, François s'était toujours refusé à prendre en compte son désir de partir travailler à l'étranger. Il a hésité des années, culpabilisant, avant de se décider à transgresser doublement les interdits familiaux : quitter la France et se faire plaisir, dans un monde où le plaisir passe après le devoir et la nécessité.

C'est seulement maintenant, au bout de deux ans, qu'il a cessé de se demander s'il était fait pour ce métier, qu'il a arrêté de douter de son choix, qu'il assume entièrement.

Culpabilisez-vous beaucoup ?

CULPABILISATION ++

++

Je culpabilise :			Je culpabilise :
Longtemps après	❑		
Avant, pendant, après	❑	❑	Tout le temps
Pendant, après	❑		
Avant, pendant	❑	❑	Souvent
Après	❑		
Pendant	❑	❑	Ponctuellement
Avant	❑		

--

CULPABILISATION --

Qui vous culpabilise le plus ?

Si vous culpabilisez plutôt quand quelqu'un vous culpabilise, je vous propose alors de regarder précisément qui. Tout comme il est utile de voir et de regarder dans quelle situation vous culpabilisez, il est essentiel de bien identifier qui, dans votre environnement professionnel et/ou personnel, vous culpabilise[1], vous donne ce sentiment d'être coupable, d'autant que, derrière cette personne ou ces personnes, peut se cacher l'image ancienne ou toujours actuelle d'un parent, d'une relation passée. C'est d'ailleurs souvent le cas.

Pour les mêmes raisons qui peuvent nous empêcher de réaliser que nous culpabilisons, et auxquelles peuvent s'ajouter la fierté, l'orgueil, nous pouvons ne pas oser *voir* qui nous culpabilise, surtout s'il existe une dimension affective forte dans cette relation ; affective parce que personnelle, quand celui qui nous culpabilise est un conjoint, un enfant, un ami ; affective par nature, et, qui plus est, ancienne quand il s'agit de notre père, notre mère, d'un frère ou d'une sœur. Affective même dans le milieu professionnel, s'il existe une dimension de sympathie, d'amitié réelle ou feinte, ou si l'autre joue beaucoup sur l'affectif.

De fait, dès que l'affectif entre en jeu, nous prenons moins de recul et avons davantage tendance à excuser la personne en question, à la « protéger » pour ne pas la remettre en cause. Nous pouvons aussi tellement idéaliser l'autre ou la relation à l'autre qu'il n'est pas possible d'imaginer, surtout s'il le fait volontairement, qu'il nous culpabilise, en d'autres termes qu'il nous fait du tort.

Même si nous sommes « adultes », père ou mère de famille, c'est-à-dire à priori raisonnablement autonomes affectivement, nous nous trompons souvent en pensant que personne n'a plus de prise sur nous. Nous pouvons aussi, bien sûr, ne pas vouloir reconnaître que l'autre nous culpabilise pour éviter d'avoir à l'affronter.

D'où l'intérêt, là encore, de tout scruter à la loupe !

1. Quand je vous dis que quelqu'un vous culpabilise je fais allusion, en dehors de son intention, à vos réactions de culpabilisation.

Une personne en particulier

■ ***Au bureau ?***

❍ Oui

❍ Non

Si c'est le cas, vous le savez, il s'agit en général d'un patron, d'un collègue.

■ ***À la maison ou dans l'environnement personnel ?***

❍ Oui

❍ Non

Repérer, reconnaître que quelqu'un vous culpabilise dans votre univers personnel est plus simple parce que vous connaissez à priori plus intimement l'individu et la nature même de la relation en question, mais plus difficile dans la mesure où la dimension affective et la complexité des relations personnelles entrent largement en ligne de compte.

Il peut s'agir d'un enfant, d'un conjoint, d'un compagnon, d'un ami...

Une spirale infernale

Marc, la cinquantaine, consultant dans le secteur pharmaceutique, est en crise et complètement culpabilisé.

Il fait un bilan de sa vie professionnelle et personnelle, et se demande s'il n'a pas intérêt à tout changer ; notamment à quitter sa femme, qui lui prodigue scènes et reproches en permanence.

En fait, sa femme n'est pas très autonome, elle est très exigeante, jalouse et demandeuse. Comme beaucoup de personnes dépendantes, elle lui demande inconsciemment de vivre sa vie à sa place et/ou de résoudre – toujours à sa place – tous ses problèmes. Marc a tenté de multiples fois de le lui dire, mais rien à faire. Elle ne veut pas entendre. Aujourd'hui, il n'en peut plus, et c'est pourquoi il est tenté de partir.

En même temps, il se culpabilise, dit que c'est sa faute. Il voit bien que sa femme n'est pas épanouie, et pense malgré tout qu'il n'a pas su la rendre heureuse. De plus, et depuis quelque temps déjà, compte tenu de leurs rapports, il reconnaît prendre des distances et être tenté de regarder autour de lui. Il s'en veut. Même s'il n'a plus d'espoir quant à une amélioration possible – cette situation dure pratiquement depuis qu'ils sont mariés –, il culpabilise d'autant plus à l'idée de partir que son épouse n'est pas autonome. Il sait qu'elle a besoin de lui et, au-delà du désir qu'il peut avoir de vivre différemment, il s'autorise d'autant moins à la quitter qu'elle le culpabilise sans arrêt et qu'il la sait malheureuse. Dans l'état actuel des choses, partir culpabiliserait Marc encore plus.

■ *Quelqu'un de votre famille d'origine ?*

❍ Oui

❍ Non

Il peut s'agir d'un membre ou des membres de votre famille d'origine : père, mère, frère, sœur. C'est le plus handicapant, car cela déteindra forcément sur toutes les autres relations.

Une mère très culpabilisante

Aicha, quarante-deux ans, vit maritalement, sans enfant. Elle est chargée de clientèle dans une banque.

Plutôt équilibrée, calme, elle ne se culpabilise pratiquement jamais, sait faire la part des choses quand on lui fait des reproches. Elle a même plutôt du mal à se remettre en cause, et à priori tendance à penser que c'est elle qui a raison et les autres, tort. Par ailleurs, même si elle sait qu'elle pourrait parfois faire plus dans son travail, par exemple, elle ne stresse pas, ne se bouscule pas.

En revanche, face à sa mère, elle ne cesse de se faire des reproches et de culpabiliser : de ne pas lui avoir téléphoné, de ne pas être allée la voir un week-end, d'être loin quand elle est malade, du fait qu'elle vieillisse, d'avoir davantage de moyens. Et si elle culpabilise parfois de ne pas être mariée ou de ne pas avoir d'enfant, c'est encore vis-à-vis de sa mère, pas vis-à-vis d'elle-même !

Au début de nos entretiens, même si elle savait n'avoir pas de relations très épanouissantes avec sa mère, elle n'avait pas pris conscience à quel point cette dernière, à travers ses reproches constants, ses injonctions, ses ordres, sa rigidité, ses idées toutes faites et son absence de tendresse, la culpabilisait.

Un type de personnes ?

❍ Oui

❍ Non

Nous pouvons dire qu'il s'agit d'un type de personnes s'il y a certitude qu'une autre personne demain, même différente, dans un autre contexte, mais ayant les mêmes caractéristiques, nous culpabiliserait aussi.

Il se peut qu'un type de personnes nous culpabilise : les supérieurs hiérarchiques, les diplômés, les jeunes cadres, les « seniors »... De manière plus générale, les gens qui ont très bien réussi socialement, matériellement, affectivement, les sportifs, les intellectuels, les artistes, les couples ou à l'inverse les solitaires, etc.

Là encore, il n'y a pas d'exemple type : l'un va culpabiliser par rapport aux personnes dites « intellectuelles » parce qu'il ne l'est pas ou pense ne pas l'être, quand l'autre va culpabiliser exactement dans le cas inverse, face à des personnes dites « manuelles ».

D'entrée de jeu alors, non seulement nous nous mettons en position de faiblesse, mais nous nous sentons fautifs de ne pas leur ressembler, de ne pas être à la hauteur de ce que nous croyons être leurs exigences, leurs attentes, nous craignons leur regard, leur jugement.

Tout le monde ?

❍ Oui

❍ Non

Vous pouvez aussi vous sentir plus ou moins culpabilisé par tout le monde, jamais à votre place, jamais en paix. Dans ce cas, il s'agit moins de culpabilisation que d'un réel sentiment de culpabilité, comme si vous n'aviez pas de place.

Alors, qui vous culpabilise ?

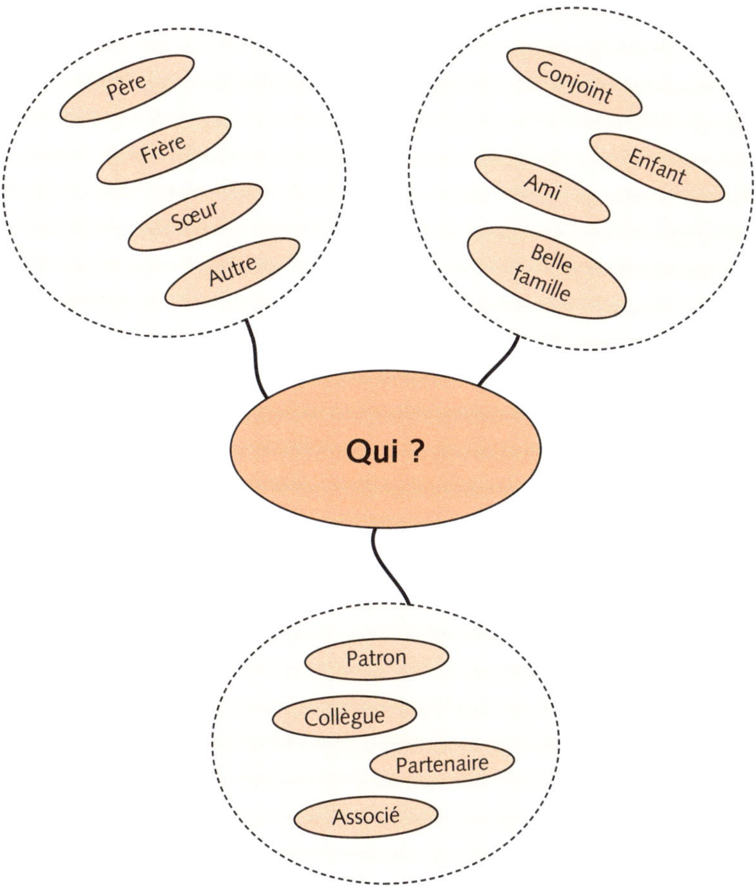

Si différentes personnes vous culpabilisent, quel rapport, quel(s) lien(s), pouvez-vous établir entre elles ?

....
....
....
....
....
....
....
....
....
....
....
....
....
....
....
....
....
....
....
....
....
....
....
....

Et encore ?

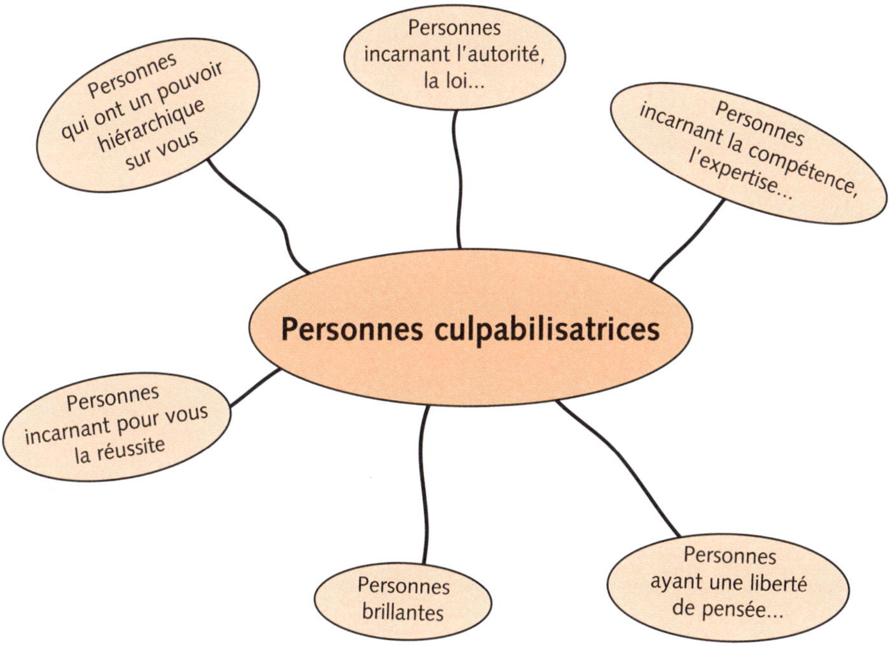
Personnes culpabilisatrices
Personnes qui ont un pouvoir hiérarchique sur vous
Personnes incarnant l'autorité, la loi...
Personnes incarnant la compétence, l'expertise...
Personnes incarnant pour vous la réussite
Personnes brillantes
Personnes ayant une liberté de pensée...

Pouvez-vous établir un rapport entre le(s) type(s) de personne qui vous culpabilise(nt) et une personne que vous avez identifiée précédemment ?

....
....
....
....
....
....
....
....
....
....
....
....
....
....
....
....
....
....
....
....
....
....
....
....
....

Faites des liens

?

Qui

Mère

Père

Frère

Sœur

Conjoint

Enfant

Amis

Belle famille

Patron

Collègue

Partenaire

Client

Associé

Personne incarnant l'autorité, la loi

Personne incarnant un pouvoir

Personne incarnant le savoir

Personnes culpabilisatrices

Etc.

Quand

Reproches

Difficultés

Échec

Affirmation de soi

Ne pas être comme on aimerait

Penser qu'on pourrait faire mieux

Avoir un aspect de sa vie qui ne correspond pas à ce que l'on désire

Tout le temps tout seul

?

Culpabilisation, sentiment de culpabilité ou culpabilité ?

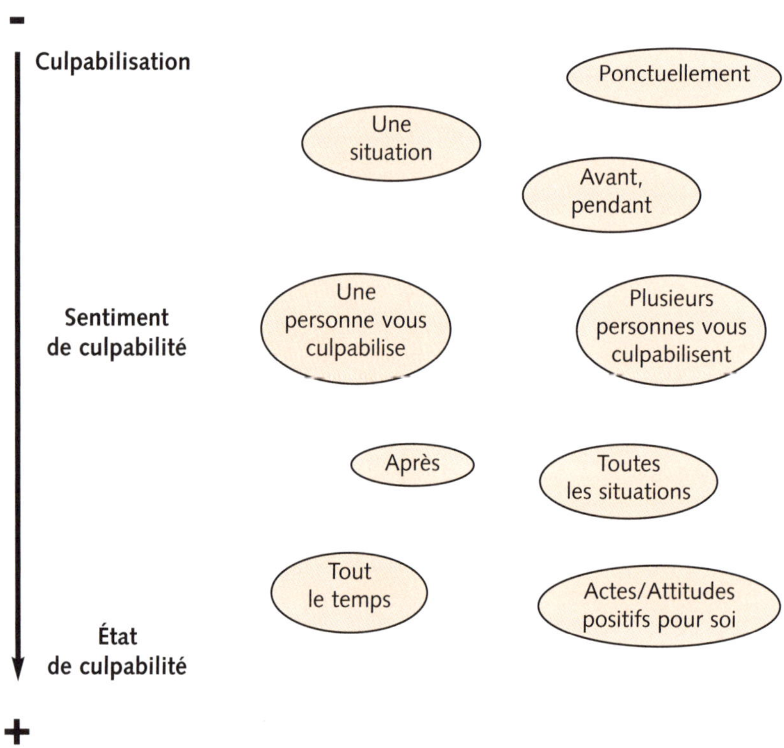

En fonction de vos réponses, positionnez-vous sur ce schéma et regardez si vous avez plutôt seulement tendance à « culpabiliser », à avoir un sentiment latent de culpabilité, ou bien à vivre en état de culpabilité.

Chapitre 3

De quoi au fond vous culpabilisez-vous le plus ?

Quelles que soient la situation, son intensité, sa fréquence ou la personne qui nous culpabilise, on peut aussi se sentir en faute de différentes manières. Nous en avons repéré cinq, que nous allons décrire en détail.

Dans tous les cas, ces manières de *culpabiliser* viennent en grande partie de notre vécu, et notamment des premières années de notre existence.

Le sentiment de n'être pas (jamais) assez bien

Culpabilité et non-estime de soi

Il est possible de culpabiliser parce que l'on a le sentiment de n'être jamais assez bien, l'impression de ne jamais mériter *l'estime*. Ce sentiment est la plupart du temps lié à une non-estime de soi. En effet, nous ne sommes pas assez bien, ou les autres sont toujours mieux. La barre est toujours placée plus haut.

D'où cela vient-il ?

Ce sentiment naît quand l'on a, déjà enfant, l'impression de ne pas être comme il aurait fallu. Si l'on a dû, à tort ou à raison, faire un effort important pour être reconnu, pour s'imposer, pour avoir une place, pour être aimé, on aura tendance à culpabiliser parce que l'on ne nous sent jamais assez bien.

De la même façon, une très forte attente de la part d'un parent, de professeurs, de patrons, d'un conjoint peut finir, quoi que l'on fasse, qui que l'on devienne, par nous faire aussi penser que nous ne sommes jamais assez bien.

Le sentiment de « mal » faire

Culpabilité et dévalorisation

Il est possible de culpabiliser parce que l'on pense mal faire, toujours mal faire. Ce n'est pas ne pas être assez bien, c'est ne jamais faire assez bien. C'est l'idée que l'autre, les autres, dans la même situation, font ou feraient mieux. En fait, on se dévalorise.

D'où cela vient-il ?

On ressent en général ce type de faute après avoir eu des « modèles » très forts, auxquels on pense toujours, même si on s'en écarte un peu, devoir absolument se conformer.

C'est particulièrement le cas si :

- on a vécu, notamment enfant, ou si l'on vit avec des personnes « remarquables » (pour des raisons réelles ou imaginées) ;
- on a cherché à nous imposer des modèles, quels qu'ils soient : de compétence, d'intelligence, d'élégance, de réussite… ;
- si on a subi beaucoup de reproches dans l'enfance ou à une certaine période de sa vie, surtout venant de personnes comptant énormément à nos yeux.

Le sentiment de n'être pas comme il « faudrait »

Culpabilité et attentes de l'autre

Le sentiment de ne pas répondre ou correspondre aux attentes des autres, que l'on soit ou non dans le « moule », est culpabilisant.

D'où cela vient-il ?

Cette culpabilisation peut venir du sentiment éprouvé, enfant ou ultérieurement, de ne pas avoir satisfait aux désirs et aux attentes des parents ou, plus généralement, d'un milieu social.

Elle peut également provenir du besoin d'intégration éprouvé à un moment de sa vie, et qui a accentué la crainte de ne pas convenir, d'être rejeté en n'étant pas comme il le fallait.

Le sentiment de faire « du mal »

Moi ou les autres

On peut aussi avoir l'impression, en faisant quelque chose pour soi, de faire du mal, du tort, à l'autre, aux autres.

D'où cela vient-il ?

Ce sentiment résulte surtout de chantages affectifs dont on est, et surtout dont on a pu être, l'objet : parents, partenaires, patrons possessifs et/ou dominateurs distill(ai)ent l'idée qu'il faut (fallait) faire et être *pour eux* avant d'être et de faire pour *soi*. De là l'idée que faire pour soi, c'est faire contre eux.

En effet, avoir affaire, dans quelque domaine que ce soit, à des personnes qui ne tiennent pas du tout compte de notre « bien » et avec qui existe un lien affectif est culpabilisant en soi, dans la mesure où faire pour soi, en fonction de soi, revient dans ce cas à faire contre l'autre.

La proximité de personnes fragiles ou fragilisés peut nous porter à croire que l'on ne les soutient pas, en faisant en fonction de soi et, par conséquent, qu'on leur nuit.

Avoir dû se sacrifier dans l'enfance et/ou vivre avec des personnes qui nous demandent implicitement, parfois inconsciemment bien sûr, de se sacrifier pour elles conduit forcément à la culpabilisation quand il s'agit de penser à soi.

Les a priori selon lesquels il faut se sacrifier pour ses enfants, son mari si l'on est une femme, ses parents, son clan, son entreprise, son parti, son groupe d'obédience induisent, si notre désir et/ou notre évolution nous portent à faire quelque chose en dehors de ces personnes et institutions, le sentiment de faire du mal aux autres.

Le sentiment de ne pas avoir le (de) droit

Culpabilité et manque de place

Enfin, on peut avoir le sentiment de ne pas avoir le *droit* de..., voire de droit tout court. En n'ayant tout simplement pas le droit de faire, de désirer, de penser, on n'a pas *de* droit. La moindre expression de soi-même dans sa force ou sa fragilité devient objet de culpabilisation. Ainsi, quoi que l'on fasse, pense, dise, désire, et surtout si ces actes vont dans le sens d'une affirmation, d'une réalisation personnelle, on culpabilise. Quand existe le sentiment de ne pas avoir le/de droit, on éprouve plus ou moins les quatre autres sentiments décrits.

D'où cela vient-il ?

Ce sentiment de culpabilité renvoie à des interdits assez forts qui remontent à l'enfance.

On a fait par exemple l'expérience d'une personnalité, d'une institution très dominatrice, écrasante, voire totalitaire, qui, parce qu'elle avait tous les droits, ne nous en a laissé aucun.

Ce sentiment de ne pas avoir le droit, de droit, survient également lors d'histoires personnelles assez lourdes ayant donné à l'individu l'impression qu'il n'avait pas le droit d'être heureux ou d'être *vivant*.

Lequel vous a le plus « parlé » ?

- Le sentiment de n'être pas (jamais) assez bien ? ❑
- Le sentiment de « mal » faire ? ❑
- De n'être pas comme il « faudrait » ? ❑
- Le sentiment de faire « du mal » ? ❑
- Le sentiment de ne pas avoir le (de) droit ? ❑
- Tous ? ❑

De quel type de culpabilité souffrez-vous ?

Série 1

Avez-vous l'impression que les autres se réalisent toujours plus que vous ?

Toujours ❍
Parfois ❍
Rarement ❍

Avez-vous l'impression que les autres sont meilleurs que vous ?

Toujours ❍
Parfois ❍
Rarement ❍

Êtes-vous surpris de réussir ce que vous entreprenez ?

Toujours ❍
Parfois ❍
Rarement ❍

Manquez-vous de confiance en vous ?

Toujours ❍
Parfois ❍
Rarement ❍

Vous étonnez-vous quand on vous fait des compliments ?

Toujours ❍
Parfois ❍
Rarement ❍

Vous étonnez-vous du fait que l'on tienne à vous ?

Toujours ❍
Parfois ❍
Rarement ❍

Êtes-vous content de vous ?

Rarement ❍
Parfois ❍
Toujours ❍

Avez-vous tendance à penser que ce que vous avez réalisé ne compte pas ?

Toujours ❍
Parfois ❍
Rarement ❍

Série 2

Avez-vous l'impression que vous auriez pu faire mieux ?

Toujours ❍
Parfois ❍
Rarement ❍

Avez-vous tendance à vous comparer ?

Toujours ❍
Parfois ❍
Rarement ❍

Avez-vous l'impression que vous ne faites jamais assez ?

Toujours ❍
Parfois ❍
Rarement ❍

Vous faites-vous des reproches ?

Toujours ❍
Parfois ☒
Rarement ❍

Avez-vous l'impression de vous être trompé ?

Toujours ❍
Parfois ☒
Rarement ❍

Avez-vous tendance à vous critiquer ?

Toujours ❍
Parfois ❍
Rarement ☒

Avez-vous peur des critiques ?

Toujours ❍
Parfois ☒
Rarement ❍

Doutez-vous de ce que vous faites ?

Toujours ❍
Parfois ❍
Rarement ☒

Doutez-vous de ce que vous pensez ?

Toujours ❍
Parfois ☒
Rarement ❍

Doutez-vous de ce que vous dites ?

Toujours ❍
Parfois ❍
Rarement ❍

Série 3

Pensez-vous d'abord à vous ?

Rarement ❍
Parfois ❍
Toujours ❍

Avez-vous le sentiment d'être « égoïste » ?

Toujours ❍
Souvent ❍
Jamais ❍

Avez-vous peur à priori de blesser les autres ?

Toujours ❍
Souvent ❍
Jamais ❍

Craignez-vous de faire du tort aux autres ?

Toujours ❍
Souvent ❍
Jamais ❍

Quand vous vous affirmez, avez-vous l'impression que quelqu'un pourrait en pâtir ?

Toujours ❍
Souvent ❍
Jamais ❍

Avez-vous tendance à « protéger » l'autre (l'excuser, ne pas voir ses torts, etc.) ?

Toujours

Souvent

Jamais

Pensez-vous au fait que vous pourriez léser les autres ?

Toujours

Parfois

Jamais

Pourrait-il vous venir à l'idée qu'en disant ce que vous pensez, ou en faisant ce que vous voulez, une personne de votre entourage pourrait en tomber malade ?

Sûrement

Probablement

Probablement pas

Série 4

Aimeriez-vous être différent ?

Toujours

Souvent

Jamais

Avez-vous tendance à gommer ce que vous êtes ?

Toujours

Souvent

Jamais

3. De quoi au fond vous culpabilisez-vous le plus ?

Êtes-vous sensible aux normes ?

Toujours ❍
Souvent ☒
Jamais ❍

Faites-vous tout pour éviter de choquer ?

Toujours ☒
Souvent ❍
Jamais ☒

Même si cela ne vous plaît pas, avez-vous tendance à faire ce que l'on attend de vous ?

Toujours ❍
Souvent ☒
Jamais ❍

Avez-vous tendance à faire des choix qui, au fond, ne vous conviennent pas ?

Toujours ❍
Souvent ☒
Jamais ❍

Faites-vous tout pour ne pas vous faire remarquer ?

Toujours ☒
Souvent ❍
Jamais ❍

Souffrez-vous d'être différent des autres ?

Beaucoup ❍
Un peu ☒
Pas du tout ❍

Série 5

Vous culpabilisez-vous à l'idée de réussir ?

Beaucoup ❍
Un peu ❍
Pas du tout ❍

Vous culpabilisez-vous à l'idée d'avoir de la chance ?

Beaucoup ❍
Un peu ❍
Pas du tout ❍

Renoncez-vous à quelque chose d'important pour vous ?

Toujours ❍
Souvent ❍
Jamais ❍

Vous arrive-t-il de ne même pas penser à votre intérêt ?

Sûrement ❍
Probablement ❍
Probablement pas ❍

Vous culpabilisez-vous quand vous demandez quelque chose ?

Beaucoup ❍
Un peu ❍
Pas du tout ❍

Vous culpabilisez-vous quand vous avez à vous affirmer ?

Toujours ❍
Souvent ❍
Jamais ❍

Vous culpabilisez-vous quand vous faites valoir vos droits ?

Toujours ❍

Souvent ❍

Jamais ❍

Vous culpabiliseriez-vous de faire, de vivre exactement ce que vous désirez ?

Sûrement ❍

Probablement ❍

Probablement pas ❍

Par série, chaque fois que vous avez coché la première réponse, comptez 3 points, 2 pour la seconde, 1 pour la dernière. Totalisez le nombre de points.

Série 1

- **Entre 24 et 16 points** – Vous avez une très forte tendance à vous culpabiliser parce que vous pensez que vous n'êtes jamais assez bien.
- **Entre 16 et 8 points** – Vous avez une assez forte tendance à vous culpabiliser parce que vous pensez que vous n'êtes jamais assez bien.
- **En dessous de 8 points** – Vous avez une faible tendance à vous culpabiliser parce que vous pensez que vous n'êtes jamais assez bien.

Série 2

- **Entre 24 et 16 points** – Vous avez une très forte tendance à vous culpabiliser parce que vous pensez que vous ne faites pas assez bien.
- **Entre 16 et 8 points** – Vous avez une assez forte tendance à vous culpabiliser parce que vous pensez que vous ne faites pas assez bien.
- **En dessous de 8 points** – Vous avez une faible tendance à vous culpabiliser parce que vous pensez que vous ne faites pas assez bien.

Série 3

- **Entre 24 et 16 points** – Vous avez une très forte tendance à vous culpabiliser parce que vous pensez que vous faites du mal aux autres.
- **Entre 16 et 8 points** – Vous avez une assez forte tendance à vous culpabiliser parce que vous pensez que vous faites du mal aux autres.
- **En dessous de 8 points** – Vous avez une faible tendance à vous culpabiliser parce que vous pensez que vous faites du mal aux autres.

Série 4

- **Entre 24 et 16 points** – Vous avez une très forte tendance à vous culpabiliser parce que vous pensez que vous n'êtes pas comme il faut.
- **Entre 16 et 8 points** – Vous avez une assez forte tendance à vous culpabiliser parce que vous pensez que vous n'êtes pas comme il faut.
- **En dessous de 8 points** – Vous avez une faible tendance à vous culpabiliser parce que vous pensez que vous n'êtes pas comme il faut.

Série 5

- **Entre 24 et 16 points** – Vous avez une très forte tendance à vous culpabiliser parce que vous pensez que vous n'avez pas le (de) droit.
- **Entre 16 et 8 points** – Vous avez une assez forte tendance à vous culpabiliser parce que vous pensez que vous n'avez pas le (de) droit.
- **En dessous de 8 points** – Vous avez une faible tendance à vous culpabiliser parce que vous pensez que vous n'avez pas le (de) droit.

La ou les séries où vous avez obtenu le plus de points indiquent la tendance la plus marquée.

Deuxième partie

Pourquoi se culpabilise-t-on ?

Chapitre 4

Comment ça marche ?

Nous pouvons à présent se demander pourquoi, surtout devenus adultes, nous culpabilisons aussi fréquemment.

En effet, même quand nous avons de réels reproches à nous faire, nous pourrions, plutôt que nous sentir en faute, nous sentir responsables, responsabilisés. Nous ne devrions pas nous « torturer » des jours entiers parce que nous n'avons pas terminé un papier, ou pour savoir si nous allons accepter ou refuser une proposition, alors qu'au fond nous savons la plupart du temps pertinemment ce que nous voulons.

Même en cas d'erreur, d'insuffisance, il serait plus logique de réagir spontanément, de chercher et de proposer des solutions. Il serait aussi plus épanouissant et plus constructif de dire, d'exprimer, de vivre ce que nous pensons, souhaitons, plutôt que de culpabiliser. Tout cela, nous le savons.

Alors, pourquoi se laisse-t-on imposer des *devoirs* et/ou pourquoi a-t-on du mal à réaliser ses propres *désirs*, en se laissant finalement *infantiliser.*

Avant d'envisager les différentes raisons pour lesquelles on peut culpabiliser, il est important de bien avoir en tête la mécanique de la culpabilisation.

On l'a vu, si on nous donne, si nous nous donnons si souvent le sentiment d'être en faute, c'est que nous pensons ne pas avoir fait ou ne pas faire notre devoir, pour ne pas dire, comme à l'école, *nos devoirs* !

Or, pour que cette impression de désobéissance existe, il faut :

- ou que des individus, des environnements prennent le droit de nous culpabiliser et qu'ils y réussissent ;
- ou que nous les laissions faire ;
- ou que les devoirs que nous croyons, que nous pensons nôtres soient très forts.

Ainsi, il suffit que quelqu'un prenne le pouvoir, le garde, le symbolise, fasse sa *loi*, pour que l'on ait tendance à culpabiliser. Il suffit d'avoir été élevé dans l'idée d'un devoir à remplir, quel qu'il soit, pour culpabiliser si on ne le fait pas, ou pas complètement. Il suffit aussi d'avoir déjà tendance à se sentir coupable pour que tout nous donne le sentiment de l'être.

Différents facteurs, bien sûr, peuvent générer un sentiment latent de culpabilité, mais plus ils seront nombreux, puissants et anciens, plus on aura tendance à se culpabiliser beaucoup, sur tout...

Moins on nous laisse la possibilité de nous **exprimer** librement, moins nous sommes reconnus en tant que **personne**, adulte, moins nous sommes **respectés**, plus nous risquons de culpabiliser.

Moins nous nous laissons la possibilité de nous **exprimer** librement, moins nous nous reconnaissons en tant que **personne**, adulte, moins nous nous **respectons**, plus nous risquons de culpabiliser.

Chapitre 5

Pourquoi ça marche ?

L'influence de l'environnement

Au-delà de sa propre tendance naturelle à culpabiliser, il est évident que certaines personnes, certains contextes, certains milieux professionnels ou familiaux sont particulièrement culpabilisants. Qu'il s'agisse d'une entreprise, d'un patron, d'une famille, d'une belle-famille, d'une épouse, d'un mari, d'une école... certains « systèmes » sont culpabilisants : il est à parier qu'en évoluant dans un environnement, une ambiance, des relations infantilisantes, on aura davantage tendance à culpabiliser.

L'influence de l'environnement

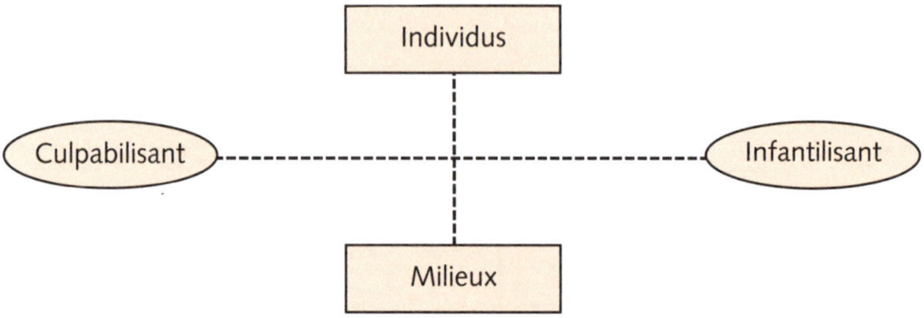

Un environnement culpabilisant

Des individus culpabilisateurs

De toute évidence, il existe dans tout univers personnel et professionnel des individus qui ont tendance à culpabiliser les autres.

La ou les personnes qui culpabilisent les autres, peuvent le faire consciemment ou inconsciemment. Les conséquences sont à peu près les mêmes, mais les motivations, différentes.

Consciemment, il s'agit la plupart du temps de culpabiliser pour prendre le pouvoir et/ou manipuler. Inconsciemment, pour la personne qui culpabilise, il s'agit souvent davantage de se rassurer elle-même sur son propre pouvoir, dont elle n'est en réalité pas si sûre, dont la solidité, la légitimité lui semblent pouvoir être remises en cause.

■ ***Comment culpabilisent-ils ?***

Les culpabilisateurs font souvent des reproches, parfois implicites à travers le ton employé, ou des remarques assassines : « Vous n'avez pas encore... », « Tu aurais quand même pu... », « Vous n'avez toujours pas... » ou des jugements à l'emporte-pièce : « Vous n'êtes vraiment pas... », « Jamais... », « Toujours... ».

Parallèlement à ces reproches, explicites ou implicites, ils ne font jamais de compliments et/ou témoignent très peu leur satisfaction ou leur reconnaissance.

Les culpabilisateurs sont bien sûr ceux qui font toujours porter directement ou indirectement la responsabilité aux autres. Ainsi, c'est toujours clairement *votre* faute si « On est arrivé en retard », si « On n'a pas fini dans les temps », si « Il n'y avait plus de place », si « On n'a pas eu le contrat », etc.

Souvent, les culpabilisateurs ont tendance à se culpabiliser eux-mêmes. Mais, plutôt que de se responsabiliser, ils préfèrent rejeter la faute sur quelqu'un d'autre. On a alors beau savoir n'y être pour rien ou que les responsabilités sont partagées, on finit la plupart du temps, à moins de n'avoir aucune tendance à se culpabiliser, par être atteint et se poser des questions : oui ou non, a-t-on fait son devoir, est-on vraiment dans la norme, etc...

Enfin, les culpabilisateurs sont souvent assez rigides, normatifs, et leur seul regard, souvent est culpabilisant.

Des milieux culpabilisants

Au-delà des personnes, certains milieux peuvent être culpabilisants : qu'il s'agisse du milieu scolaire, de l'entreprise, du milieu social, de la famille, de la société et de son système culturel au sens large... Ce n'est alors plus une personne mais un ensemble de personnes qui fonctionne sur un mode culpabilisateur.

Le nombre finit par peser, dans la mesure où la culpabilisation elle-même et le climat général ainsi instauré deviennent la norme, la règle. Il devient encore plus difficile de prendre le recul nécessaire.

Plus précisément, de quel type de milieux s'agit-il ?

De milieux qui se présentent comme des modèles et/ou qui représentent pour nous des modèles. De milieux où la notion de devoir, quelle qu'elle soit, est très présente : devoir de réussir, de se soumettre à la hiérarchie, devoir de plaire, d'être le premier, devoir de respecter la tradition, de faire comme les autres, de ne pas se rebeller, devoir d'être bon en maths, devoir de se taire, de parler, etc. De milieux où l'on fait peu de compliments, où même les bons résultats sont rarement reconnus, où il y a peu de gentillesse, d'attention. De milieux où existe la culture de la sanction, du rejet, où l'on n'a droit ni à l'erreur ni à la faiblesse, ni à l'émotion, ni parfois à l'authenticité.

De milieux très exigeants, trop exigeants, où l'on demande beaucoup en termes de performance, de comportement, sans forcément donner en retour. De milieux normatifs, très codés, où le droit à la différence n'existe pas, où un seul type de comportements, d'études, de choix est valorisé, reconnu. De milieux très empreints de culpabilité, même pour celui ou ceux qui exercent le pouvoir, où la notion de faute prévaut sur celle de responsabilité : l'ensemble des salariés ou des membres de la famille vit plus ou moins en permanence en état de culpabilité, montrant tour à tour des signes de culpabilisation tels que stress, attitudes infantiles, mensonges, excuses, justifications, « prises de tête », etc.

Individus et milieux culpabilisateurs

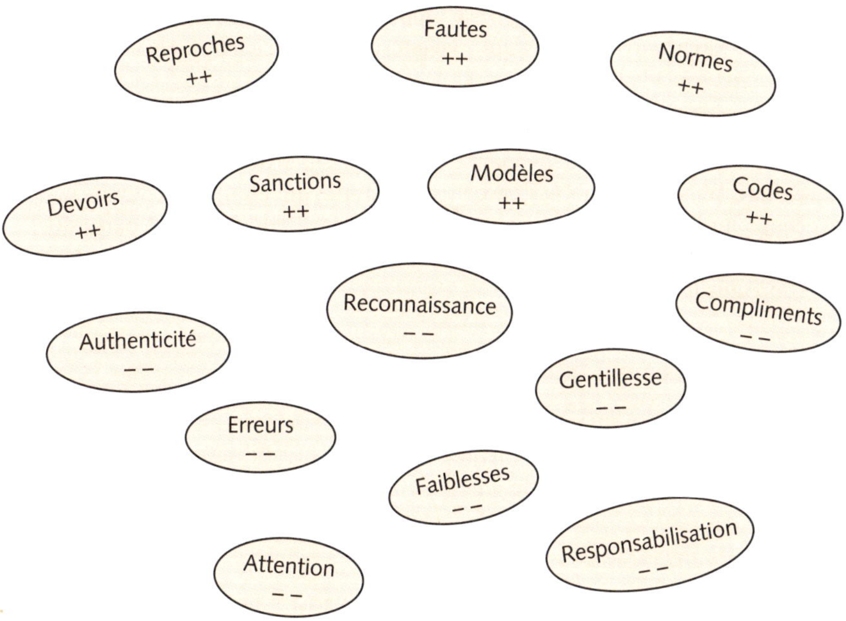

Un environnement infantilisant

Outre les environnements culpabilisants, il existe des environnements infantilisants, qui vont accroître la tendance à culpabiliser dans la mesure où ils retirent aux individus qui y vivent une partie de leur pouvoir, ou les contraignent à l'abandonner.

En effet, on a dans ce type d'environnement tendance à régresser, à (re)tomber dans une dépendance, et à se (re)mettre davantage, tel un enfant, sous le pouvoir et l'influence de l'autre, qui pourra du coup beaucoup plus facilement nous donner le sentiment d'être en faute. À partir du moment où l'on s'infantilise, le terrain de la culpabilisation devient beaucoup plus fertile.

Les individus qui infantilisent

Les individus qui infantilisent, tout comme ceux qui culpabilisent – ce sont d'ailleurs souvent les mêmes –, le font plus ou moins sciemment, mais toujours dans le but de prendre et/ou de garder le pouvoir.

■ *Comment infantilisent-ils ?*

Les personnes infantilisantes ne donnent jamais la parole, n'invitent jamais l'autre à s'exprimer, ne donnent pas d'informations, ne tiennent compte d'aucun avis extérieur, ne déléguent pas, n'écoutent pas, n'entendent pas, ne donnent pas de réponses. Les personnes qui ne reconnaissent jamais l'autre dans ses réussites, ses erreurs, ses doutes, sa différence sont infantilisantes.

La manière royale d'infantiliser est, bien sûr, de menacer de ne plus aimer. C'est le fameux chantage affectif, qui par nature est infantilisant puisque tout individu, enfant, se socialise pour plaire et être aimé, de ses parents d'abord, des autres ensuite.

5. Pourquoi ça marche ?

Nous avons tous rencontré des patrons, des managers, des collègues qui exercent cette sorte de chantage, avec la demande : « Si tu m'aimes, fais ce que je veux » ou bien encore « Si tu ne fais pas ce que je veux, je ne t'aimerai plus ». Ils peuvent même jouer sur l'affectif à travers la notion de « don » à l'équipe, au service, à l'entreprise.

Le chantage affectif existe bien entendu beaucoup, à des niveaux plus ou moins subtils, dans les relations affectives : parents, conjoints, enfants. C'est un outil de culpabilisation extrêmement puissant, que ces derniers sont mieux que personne en bonne position pour utiliser.

En permanence culpabilisée, déstabilisée

Maryse a un mari et un patron, chacun à sa façon (hasard ou non ?) très infantilisants.

Son mari, très protecteur, possessif, ne la laisse jamais entreprendre une chose seule, émet un avis sur tout ce qu'elle fait et pense. Alors que Maryse est cadre, il la conseille sans arrêt, lui dit ce qu'elle doit faire. Et quand elle prend seule une initiative, il lui en fait le reproche, s'estime lésé, tenu à l'écart.

Son patron, lui, éprouve un terrible besoin d'être valorisé, et dévalorise de ce fait les autres en les infantilisant. Il prend toujours, par exemple, un air condescendant quand il remercie Maryse, comme on remercierait un enfant qui a bien fait ce qu'on lui a demandé. Il lui confie des dossiers, puis intervient tout à coup pour donner, ou plutôt imposer, sa solution, sans au préalable en avoir parlé. En réunion, quand Maryse prend la parole, il n'a de cesse de la couper pour expliquer à sa place ce qu'elle avait l'intention de dire, ou pour récupérer à son compte les conclusions auxquelles elle était arrivée. Il joue l'homme très occupé, et fait très souvent état de ses réussites, des compliments qui lui ont été faits.

Pour tout cela, Maryse est en permanence déstabilisée, culpabilisée. Elle est tellement infantilisée par l'un et par l'autre qu'elle ne sait plus quand elle a tort ou raison, s'il est juste qu'elle résiste et s'impose, ou si c'est elle qui est trop susceptible, trop soucieuse de ses prérogatives.

Toujours un risque de « régression »

Dans la mesure où nous avons tous forcément été culpabilisés et/ou infantilisés un jour par quelqu'un, ne serait-ce que parce que nous avons été enfants, nous courons toujours un risque de régression. De fait, la solidité acquise au fil des années peut difficilement annuler totalement cet état de dépendance et de soumission.

Ainsi, il suffit d'un échec, d'une personne particulièrement infantilisante ou qui nous rappelle un père ou une mère, d'une situation où nous nous sentons hors norme et où nous craignons d'être rejetés par les autres, d'être exclus, pour qu'à nouveau nous nous infantilisions ! Dans la mesure où l'on a attribué du pouvoir à quelqu'un fortement et pendant longtemps, il y a toujours un risque, dans un contexte donné, face à une personne donnée, dans un état de fragilité, de se réinfantiliser.

C'est pourquoi même quelqu'un qui n'a pas tendance à se culpabiliser peut se retrouver, dans une situation d'échec ou face à une personne, en état de s'infantiliser.

La spirale infantilisation-culpabilisation

Le risque, quand on est infantilisé, est de culpabiliser dans la mesure où l'on se soumet alors au pouvoir de l'autre, en d'autres termes aux valeurs, aux désirs, aux besoins, aux normes de celui-ci.

De plus, étant infantilisé, on redoute davantage, comme un enfant, la sanction, la punition. On peut de surcroît culpabiliser de s'infantiliser, puisque notre bon sens nous fait savoir qu'à notre âge « on ne devrait pas », que « ce n'est pas normal », que « ce n'est pas bien » !

Voilà pourquoi, avec certaines personnes, le phénomène peut prendre des proportions incroyables, et déclencher un processus infernal. Même en restant tout à fait conscient de ce qui se passe, il n'est alors pas toujours aisé de sortir de cette spirale.

Les milieux qui infantilisent

Les milieux qui infantilisent sont les systèmes, les familles, les entreprises, les relations où l'on joue beaucoup sur le besoin naturel, légitime, d'amour et de reconnaissance.

Les milieux très hiérarchisés, dans lesquels on ne délègue pas, ou peu, où les rôles sont très définis, où il faut se faire bien voir, où le chef a les pleins pouvoirs ou presque, favorisent l'infantilisation.

Les milieux où le dialogue n'existe pas, ou peu, où la communication est pauvre, c'est-à-dire où les individus ne s'expriment pas, dans lesquels les promesses ne sont pas tenues, où les solutions sont imposées, où il existe beaucoup de non-dits, où règne la langue de bois, sont des milieux infantilisants.

Individus et milieux infantilisants

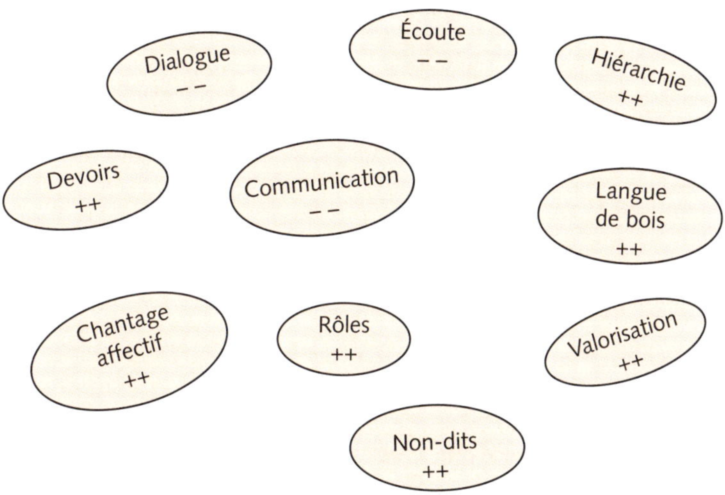

Vivez-vous avec une personne (ou des personnes) qui vous culpabilise(nt) ?

1. Elle porte un regard négatif sur vos choix.

Toujours ❍

La plupart du temps ⊗

Jamais ❍

2. Elle minimise vos actes et vos actions.

Toujours ❍

La plupart du temps ⊗

Jamais ❍

3. C'est une personne très sûre d'elle.

Toujours ⊗

La plupart du temps ❍

Jamais ❍

4. Elle joue sur l'affectif.

Toujours ❍

La plupart du temps ❍

Jamais ⊗

5. Elle fait des reproches.

Toujours ❍

Fréquemment ⊗

Rarement ❍

6. Elle entend ce que vous dites.

Jamais ❍

La plupart du temps ⊗

Toujours ❍

7. Elle fait des remarques.

Toujours ❍
Fréquemment ❍
Rarement ❍

8. Elle porte un regard négatif sur votre métier.

Complètement ❍
Plutôt ❍
Pas du tout ❍

9. Elle est très exigeante.

Toujours ❍
La plupart du temps ❍
Jamais ❍

10. Elle minimise vos efforts.

Toujours ❍
La plupart du temps ❍
Jamais ❍

11. Elle vous accepte avec vos faiblesses.

Toujours ❍
La plupart du temps ❍
Jamais ❍

12. Elle vous valorise.

Toujours ❍
La plupart du temps ❍
Jamais ❍

Questions paires

Chaque fois que vous avez coché la première réponse, comptez 3 points, 2 pour la seconde, 1 pour la dernière. *Totalisez le nombre de points.*

- **Entre 18 et 12 points** – Vous vivez avec quelqu'un de très infantilisant.
- **Entre 12 et 6 points** – Vous vivez avec quelqu'un de plutôt infantilisant.
- **En dessous de 6 points** – Vous vivez avec quelqu'un de très peu infantilisant.

Questions impaires

Chaque fois que vous avez coché la première réponse, comptez 3 points, 2 pour la seconde, 1 pour la dernière. *Totalisez le nombre de points.*

- **Entre 18 et 12 points** – Vous vivez avec quelqu'un de très culpabilisant.
- **Entre 12 et 6 points** – Vous vivez avec quelqu'un de plutôt culpabilisant.
- **En dessous de 6 points** – Vous vivez avec quelqu'un de très peu culpabilisant.

Au total

- **Entre 36 et 24 points** – Vous vivez avec quelqu'un de très culpabilisateur.
- **Entre 24 et 12 points** – Vous vivez avec quelqu'un de plutôt culpabilisateur.
- **En dessous de 12 points** – Vous vivez avec quelqu'un de très peu culpabilisateur.

Travaillez-vous avec une (ou des) personne(s) qui vous culpabilise(nt) ?

1. Elle reconnaît ses erreurs.

Jamais ❍
La plupart du temps ❍
Toujours ❍

2. Elle crée un dialogue.

Jamais ❍
La plupart du temps ❍
Toujours ❍

3. Elle ne dit que le négatif jamais le positif.

Toujours ❍
La plupart du temps ❍
Pas du tout ❍

4. Elle abuse de ses pouvoirs.

Toujours ❍
La plupart du temps ❍
Jamais ❍

5. Elle minimise vos résultats.

Toujours ❍
La plupart du temps ❍
Jamais ❍

6. Elle peut vous humilier face à d'autres.

Toujours ❍
La plupart du temps ❍
Jamais ❍

7. Elle se met dans le rôle de l'ultracompétent.

Toujours ❍
La plupart du temps ❍
Jamais ❍

8. Elle parle franchement.

Jamais ❍
La plupart du temps ❍
Toujours ❍

9. Elle fait des compliments.

Jamais ❍
La plupart du temps ❍
Toujours ❍

10. Elle cache des choses.

Toujours ❍
La plupart du temps ❍
Jamais ❍

11. Elle vous donne des signes de reconnaissance.

Souvent ❍
Rarement ❍
Jamais ❍

12. Elle joue les préférences et la rivalité.

Toujours ❍
La plupart du temps ❍
Jamais ❍

Questions paires

Chaque fois que vous avez coché la première réponse, comptez 3 points, 2 pour la seconde, 1 pour la dernière. *Totalisez le nombre de points.*

- **Entre 18 et 12 points** – Vous travaillez avec quelqu'un de très infantilisant.
- **Entre 12 et 6 points** – Vous travaillez avec quelqu'un de plutôt infantilisant.
- **En dessous de 6 points** – Vous travaillez avec quelqu'un de très peu infantilisant.

Questions impaires

Chaque fois que vous avez coché la première réponse, comptez 3 points, 2 pour la seconde, 1 pour la dernière. *Totalisez le nombre de points.*

- **Entre 18 et 12 points** – Vous travaillez avec quelqu'un de très culpabilisant.
- **Entre 12 et 6 points** – Vous travaillez avec quelqu'un de plutôt culpabilisant.
- **En dessous de 6 points** – Vous travaillez avec quelqu'un de très peu culpabilisant.

Au total

- **Entre 36 et 24 points** – Vous travaillez avec quelqu'un de très culpabilisateur.
- **Entre 24 et 12 points** – Vous travaillez avec quelqu'un de plutôt culpabilisateur.
- **En dessous de 12 points** – Vous travaillez avec quelqu'un de très peu culpabilisateur.

Les prises et les abandons de pouvoir

Pour que quelqu'un nous donne le sentiment d'être en faute, il est nécessaire, nous l'avons déjà évoqué, qu'il ait un pouvoir ou une influence sur nous. Il est donc évident que les personnes qui ont, prennent, gardent le pouvoir, ou à qui on l'attribue voire à qui on l'abandonne ont toutes les chances d'être en mesure de nous culpabiliser.

En d'autres termes, il suffit que quelqu'un prenne un pouvoir plus grand que celui conféré normalement par son statut, ou que nous le lui accordions, pour que le système de culpabilisation se mette en place.

Les individus qui prennent le pouvoir

Il existe des individus qui cherchent à prendre le pouvoir, qui souhaitent dominer. Par tempérament, par désir de puissance, par peur aussi. Détenir un pouvoir, c'est maintenir l'autre à distance, sous contrôle. Du moins les personnes dominatrices le croient-elles... Il s'agit en général d'individus qui, d'entrée de jeu, fixent les règles, les limites, distribuent les rôles, s'octroient la plupart du temps le droit de juger, de décider, de valoriser ou non, etc.

Les personnes très autoritaires qui ont une forte propension à imposer leur avis, leur point de vue, prennent d'une certaine façon le pouvoir et sont bien sûr culpabilisantes. Les personnes qui se font toujours passer pour des êtres supérieurs ou qui ont une très forte tendance à se valoriser, à se mettre en avant, et qui, volontairement ou non, se posent en « modèle », auront tendance à prendre le pouvoir et à culpabiliser les autres. Les personnes très sûres d'elles, du moins en apparence, peuvent en effet finir par culpabiliser celles qui le sont moins.

Il arrive aussi que certaines personnes prennent le « pouvoir », sans le savoir ni le vouloir, par leur silence, leur réserve, des distances qu'elles instaurent avec les autres – paradoxe ! – à cause de leur propre peur d'être rejeté !

Les individus qui abusent de leur pouvoir

Les personnes qui détiennent un pouvoir et en abusent, cherchant ainsi à le renforcer, auront indirectement tendance à culpabiliser et à infantiliser les autres. De fait, dès qu'elles sont investies d'une autorité hiérarchique – statutaire, d'ancienneté, de parenté – ou du pouvoir d'aimer, ou de ne plus aimer aussi, certaines personnes en usent à l'excès.

C'est le cas de patrons, de managers qui abusent de leur pouvoir de reconnaître ou non quelqu'un (dans tous les sens du terme) ; en ne dialoguant pas, en n'informant pas ou en accordant arbitrairement primes et promotions. C'est le cas de supérieurs hiérarchiques qui font des promesses pour parvenir à leurs fins, sachant pertinemment qu'ils ne les tiendront pas ou ne pourront pas les tenir. Et nous de nous sentir fautifs de ne pas finalement avoir mérité ce qui était promis !

C'est encore le cas de parents qui abusent de leur pouvoir pour faire, parallèlement au chantage affectif, des rétentions financières ou matérielles.

Même en connaissant bien le fonctionnement de ce mécanisme, il faut vraiment être solide, équilibré et vigilent pour résister.

Les personnes à qui l'on attribue un pouvoir...

Certaines personnes ou certains groupes de personnes prennent ou gardent le pouvoir– mais c'est nous-mêmes parfois qui le leur attribuons. Pourquoi ?

Très infantilisés par notre éducation, il arrive que nous ne sachions pas regarder quelqu'un autrement qu'en lui donnant tous les pouvoirs. Ces personnes rappellent aussi parfois le père ou la mère face à qui, sans même en avoir conscience, nous avons un jour capitulé.

Elles peuvent faire écho en nous et même inconsciemment, nous rappeler un professeur, un patron, un camarade qui a eu par le passé, un pouvoir sur nous et nous a culpabilisés.

De par leur statut, il est possible aussi qu'elles représentent une autorité, voire l'Autorité dont nous craignons le jugement : patrons, supérieurs hiérarchiques, anciens...

Ces personnes peuvent encore incarner pour nous un certain type de pouvoir : celui du savoir, de la compétence, de l'expertise, de la connaissance, de la maîtrise... que nous survalorisons.

Il peut s'agir de personnes que nous idéalisons, parce qu'elles représentent un modèle pour nous-mêmes, voire pour nos parents. Nous projetons alors, nous imaginons que ce type de personnes a tout, est tout.

Il peut également s'agir de personnes face auxquelles nous faisons des « complexes », parce qu'elles représentent l'inverse de ce que nous sommes, ou quelque chose que nous ne sommes pas et que nous aurions aimé être.

Il peut enfin s'agir de personnes qui ont réellement une dimension, une qualité, une force, un comportement que nous aimerions avoir et que – pour l'instant – nous n'avons pas et/ou que nous ne nous autorisons pas à avoir. Nous nous comparons alors en mode négatif et nous culpabilisons de ne pas faire mieux.

Derrière son patron, l'image de sa mère

Françoise est la collaboratrice de Denis, directeur commercial, homme « fort » tant de caractère que de stature, assez autoritaire, d'un grand charisme.

Elle a pris, depuis quelque temps, un poste qui en regroupe deux, où elle est en première ligne. Elle a beaucoup de travail en retard, qu'elle a terriblement de mal à rattraper, d'autant que la personne qu'elle a remplacée n'a eu que quarante-huit heures pour la mettre au courant. Elle a perdu énormément de temps à découvrir les choses seule. Compte tenu du fait qu'elle a eu une mère autoritaire qui lui faisait beaucoup de reproches, Françoise, qui a déjà une bonne tendance à se sentir fautive, commence à culpabiliser et cache son retard plutôt que d'en parler.

5. Pourquoi ça marche ?

Denis, lui-même surchargé de travail, assez exigeant, dans un contexte difficile, s'inquiète du retard et des erreurs que Françoise commet parfois à cause du stress. Réalisant qu'elle est en difficulté, il essaie de discuter avec elle, de voir ce qui ne va pas, mais Françoise se défend, prétend que tout va bien alors que les dossiers en attente s'accumulent. Inévitablement, Denis finit par être irrité, par poser des questions, puis par demander des comptes. Françoise, qui craint terriblement l'autorité, panique et nie avoir des problèmes. Commence alors le cercle infernal où Denis se met en colère, exige des résultats immédiats, et où Françoise, culpabilisant de plus en plus, finit par perdre complètement ses moyens. En fait, Denis incarne, à travers son autorité naturelle, d'un côté, son statut, de l'autre, à la fois l'autorité et le pouvoir. Ainsi, d'entrée de jeu, Françoise, qui, dans ce poste, avait un défi à relever, s'est mise en position d'être jugée, mal jugée.

Elle n'a pas réussi à prendre du recul, à faire la part des choses entre son patron (et ses demandes légitimes) et le souvenir de sa mère, probablement très culpabilisatrice, très autoritaire elle aussi, et qui avait jadis sur elle un énorme pouvoir du simple fait d'être sa mère !

En résumé, évoluez-vous au contact de personnes :

Culpabilisatrices ? ❑

Infantilisantes ? ❑

Qui prennent le pouvoir ? ❑

Qui abusent de leur pouvoir ? ❑

À qui vous attribuez un pouvoir ? ❑

La puissance des « devoirs »

Que nous en ayons conscience ou non, nous avons en réalité beaucoup de devoirs à remplir :

- les devoirs *familiaux*, partagés par les membres d'une même famille…
- les devoirs *socioculturels*, c'est-à-dire partagés par les membres d'un même milieu, d'une même communauté : ils changent d'une époque à l'autre, d'une civilisation à l'autre, mais sont toujours puissants ;
- les devoirs *personnels* : il s'agit de devoirs qui nous sont personnellement, individuellement, proposés, voire imposés, de rôles que l'on nous a demandé d'investir ;
- enfin, il y a les devoirs que nous nous imposons *nous-mêmes* : celui d'être excellent, parfait ou ingénieux… Ces devoirs-là sont parfois les mêmes que ceux précédemment cités.

Plus ces devoirs sont nombreux, anciens, importants, et plus on a tendance à culpabiliser. D'autre part, si les devoirs sont très forts, ils se transforment en *obligations*, puis en *interdits*. Le devoir de réussir peut ainsi se transformer en obligation de réussir et – un cran au-dessus – en interdit d'échouer. Ainsi, plus il y aura eu de devoirs, d'obligations, d'interdits, plus grande sera la tendance à culpabiliser.

Culpabilisation :
du « devoir » à l'interdit

-- ————————————————→ ++

Devoir de →	Obligation de →	Interdit de
Penser aux autres →	Penser aux autres →	Penser à soi
Être comme les autres →	Être comme les autres →	Être différent
Faire son devoir →	Faire son devoir →	Écouter ses désirs
Être fort →	Être fort →	Montrer ses faiblesses
Réussir →	Réussir →	Échouer
Etc.		

Les devoirs donnés par la famille

Les devoirs qui nous ont été donnés dans l'enfance, par la famille, le milieu où nous avons été élevé, que nous les acceptions ou non, sont bien sûr très forts : devoir de réussir, d'humilité, de sacrifice, de rester dans le rang, de maîtriser ses émotions, de ne pas montrer ses sentiments, de ne pas se faire plaisir, de penser aux autres... Il n'est jamais facile de s'en libérer. Même quand on en « rit », ils restent très puissants.

En outre, au-delà des devoirs familiaux, il y a les devoirs que j'appelle « personnels », ceux qui nous ont été attribués à titre individuel : devoir d'être fort, sérieux, parfait, raisonnable, brillant, gentil, etc.

Penser à soi, un péché

Gilbert a été élevé dans le milieu traditionnel, conformiste, catholique de la bourgeoisie rurale, imprégné d'une très forte notion de devoir. Dans une famille très tournée vers les autres, très dépendante du regard des autres, penser à soi est tout simplement une sorte de péché, est taxé d'égoïsme.

Ainsi, pour Gilbert, penser à soi, à son désir, est non seulement quelque chose de totalement étranger, mais connoté de manière extrêmement négative tant le devoir de penser aux autres est important. Chaque fois qu'il doit prendre conscience, parler, tenir compte de l'un de ses désirs, chaque fois qu'il doit penser à lui, qu'il pourrait se faire plaisir, il culpabilise, tant il a intégré ce devoir de penser aux autres et d'en faire une priorité absolue !

Ah, si j'étais parfaite...

Marie, étudiante en médecine, réussit très bien dans ses études et est très en avance sur beaucoup de plans : études, maturité, qualité de relations, ouverture aux autres.

Mais elle culpabilise sans arrêt, même là où elle n'a vraiment rien à se reprocher, bien au contraire... Elle se trouve trop ambitieuse, trop orgueilleuse, pas assez mature dans ses relations, pas assez « cool » avec son petit ami, etc. On a le sentiment qu'elle ne pourrait être satisfaite que si elle était parfaite.

Élevée dans une exigence d'excellence en tous domaines, elle se sent coupable dès qu'elle perçoit la moindre insuffisance, que ce soit dans sa vie privée ou dans ses études.

Le poids des normes, des modèles dominants

Les normes, les modèles, les valeurs nous sont transmis par la famille, le milieu où nous avons fait nos études, le milieu professionnel, le cercle d'amis, et nous avons plus ou moins explicitement, là encore, le devoir de nous y conformer, de les adopter, de les faire nôtres. Parfois, nous les adoptons parce qu'ils nous conviennent. Parfois, nous nous y soumettons...

L'importance des normes

La norme est l'espace dans lequel on doit normalement se mouvoir, penser et agir. Au-delà de ces limites, on n'est pas « normal ». Il existe des normes dans les domaines professionnels, matériels, affectifs, en termes de réussite, de réalisation, de changement, de désirs, de besoins, etc.

Or, dès que nous ne sommes pas dans la norme, dans les normes, nous nous culpabilisons. Dès que nous avons le sentiment de faire « trop », « trop peu », « trop tôt », « trop tard », « trop vite », « pas assez vite », nous nous culpabilisons, d'autant qu'en général d'autres se chargent de nous le rappeler. « Normalement, je devrais... », « Avec mon diplôme, je devrais en être... », « À mon âge, je ne devrais pas me poser ce type de question ».

Si les normes sont nécessaires, dans la mesure où il n'est pas bon pour un individu d'être en tous points dans des extrêmes ou hors norme, elles sont par définition limitatives et ne correspondent pas toujours à la richesse, aux potentiels, à la personnalité, à la trajectoire de vie d'une personne.

Parvenir à s'avouer son désir

Isabelle est responsable des ressources humaines. À trente-cinq ans, elle dit avoir jusque-là très bien mené sa carrière. Or, on vient de lui proposer un poste de responsable du personnel sur un site important, ce qui serait sans doute la dernière étape avant d'atteindre l'objectif fixé depuis ses études ; devenir Directeur des Ressources Humaines.

D'une certaine façon, elle en est fière, mais elle se pose des questions et est en pleine crise. Prête à atteindre son but, elle prend conscience que toute une partie du poste de direction des ressources humaines ne lui convient pas ; notamment l'aspect négociation avec les partenaires sociaux, ainsi que l'aspect politique. Ce qu'elle aime, c'est le terrain et la relation aux autres : les orienter, les conseiller, les « coacher ».

Elle a du mal à admettre cette réalité et culpabilise à l'idée de refuser éventuellement ce poste considéré comme une évolution de carrière. Elle ne parvient pas à s'avouer son désir d'avoir un parcours différent de celui que, normalement, compte tenu de son niveau d'études et de ses potentiels (dont elle est consciente), elle devrait souhaiter, puisqu'il est, dans sa profession et en tout cas dans sa tête, le parcours consacré.

L'importance des modèles

Le modèle représente ce à quoi nous devons ressembler. C'est « faire comme », « être comme », « penser comme »... Parallèlement aux limites que posent les normes, limites en deça et au-delà desquelles nous sommes censés faire ou ne plus faire quelque chose, le modèle est la manière dont nous *devons* faire, réussir quelque chose.

Les modèles, comme les normes, sont très puissants – modèles de réussite, de couple, d'éducation des enfants, de relation affective, de réalisation, d'équilibre. Consciemment ou non, mais la plupart du temps inconsciemment, nous vivons sous l'influence de ces modèles et nous culpabilisons dès que nous ne nous y conformons pas.

On peut ainsi se culpabiliser par exemple, étant cadre dirigeant d'entreprise, de ne pas être satisfait de son sort, d'être mal dans sa peau, et d'avoir envie de se lancer dans la création d'une librairie, alors que ce statut représente presque aux yeux de tous aujourd'hui, un modèle de réussite ! Si les modèles sont partagés dans leurs grandes lignes, à une époque donnée, dans un système culturel donné, ils diffèrent également selon le milieu d'origine, les études menées, le monde dans lequel on évolue, etc.

À mon âge, mon père...

Le père de Pierre a été presque toute sa vie directeur général d'une entreprise de trois cent cinquante salariés, qu'il a lui-même créée. C'est un succès, et il est devenu, pour la famille, le modèle de réussite.

Pierre, qui est l'aîné, ingénieur très brillant, à l'esprit chercheur plus qu'entrepreneur, tente à quarante-deux ans, désespérément, de manager une équipe. Non que cela lui convienne vraiment ; il est bien plus expert que « manager » et y trouve en réalité beaucoup plus de plaisir, mais il culpabilise à l'idée de ne pas diriger, à défaut d'une entreprise, au moins une grosse équipe, ce qui représente pour lui la réussite.

Il dit souvent d'ailleurs : « À mon âge, mon père dirigeait depuis dix ans sa société. » C'est sa référence, le modèle, l'étalon absolu, et ce qui le fait culpabiliser, l'empêchant parallèlement d'exercer ses vrais talents parce qu'il se disperse, sans savoir vraiment ce qu'il veut.

Les devoirs que nous nous imposons à nous-mêmes

Si les devoirs que l'on nous demande de remplir ont beaucoup de pouvoir sur nous, s'ils font pression, ceux que nous nous imposons sont également très forts.

Les lois que nous nous imposons sont en effet parfois plus tyranniques que celles imposées par les autres. En effet se rebeller contre soi-même, n'est guère évident !

Nous pouvons nous imposer des devoirs pour différentes raisons. Tout d'abord, il arrive que nous ayons intégré les devoirs que l'on nous a demandé de remplir à un tel point que nous nous les imposons avec une force décuplée : devoir d'être parfait, devoir de faire son devoir... C'est en effet en nous imposant ces devoirs, que nous avons souvent pensé gagner l'amour des parents, et de la même façon pensé ensuite gagner l'amour des autres... Nous pouvons aussi nous « donner » des devoirs pour être acceptable à nos propres yeux, étouffant parfois ainsi une partie de nous-mêmes.

Nous pouvons enfin nous imposer des devoirs parce qu'ils correspondent à des désirs, des idéaux, à ce que nous avons envie de devenir, d'être, de faire... Si ces *devoirs*-là nous correspondent vraiment, ils peuvent alors s'apparenter davantage au *désir* et avoir un effet plus positif.

Le devoir d'être la meilleure

Anne, brillante, fille unique de parents ingénieurs, a passé avec succès ses concours et est en deuxième année d'une école de renom, pour devenir ingénieur à son tour. Elle travaille énormément, sort très peu, ne fréquente pratiquement personne et, il faut bien l'avouer, est assez mal dans sa peau, peu épanouie.

Très anxieuse déjà à l'idée d'échouer, elle culpabilise si elle n'a pas obtenu la meilleure note aux examens partiels, si elle est trop fatiguée pour réviser ou bien encore si elle a pris un week-end entier. Ses parents sont très inquiets car ils la sentent tendue et finalement assez malheureuse.

En fait, Anne s'est imposé le devoir non seulement d'être ingénieur mais aussi celui d'être la première en tout, la plus brillante, la meilleure, et d'être également irréprochable. Le fait-elle pour elle ? Pour satisfaire ses parents ? En tout cas, ce n'est pas ce que ceux-ci lui demandent. Il semble que ce soit Anne elle-même qui se soit imposé ce devoir de réussir, en s'en donnant tous les moyens.

Un terrain fertile

Même si la tendance à se culpabiliser existe chez la plupart d'entre nous et si elle dépend en partie du milieu dans lequel nous évoluons, elle va être d'autant plus forte qu'il y a eu dans l'enfance et au cours de l'histoire personnelle des facteurs favorisant soit la tendance à la culpabilité, soit la difficulté à s'affirmer, à grandir.

L'éternelle idée de « faute »

Se sentir coupable, c'est se soumettre au jugement de celui qui va sanctionner notre faute.

Or, nous vivons dans l'idée originelle de la faute. Si nous énonçons tous comme une évidence le fait de vivre dans une société judéo-chrétienne, avec la notion de culpabilité qu'elle véhicule, il ne faut pas être dupe, cela ne retire rien à sa force et à sa récurrence ! Oui, nous vivons dans une société de culpabilisation et, même sans avoir rien à se reprocher, nous avons tendance à être sur la défensive, à nous défendre par avance de ce qui pourrait nous être reproché, voire à culpabiliser les autres comme nous nous culpabilisons nous-mêmes.

Pourquoi, en entreprise, voit-on des salariés dépenser tant d'énergie à se défendre, à se justifier, plutôt qu'à produire, si ce n'est par culpabilisation ? Pourquoi tant de personnes passent-elles à côté de leur désir, si ce n'est par culpabilisation ? Pourquoi, tout simplement, nous culpabilisons-nous autant au lieu de nous responsabiliser ?

C'est toujours l'idée de la faute qui génère la culpabilité et le sentiment de honte qui en découle.

D'anciens échecs

Lorsque l'on a connu des échecs scolaires, professionnels, relationnels, surtout s'il y a répétition ou impression de répétition du même type d'échec, on est à priori plus sensible à la culpabilisation.

L'échec peut remonter à loin dans le passé, il n'en est pas oublié pour autant. Ainsi, même si l'échec est ancien et même si on a réalisé beaucoup de choses depuis, il y a toujours intérêt – quand on culpabilise – à revisiter les échecs passés, pour les dépasser complètement.

L'influence de l'enfance

Des parents très culpabilisants

Tout comme nous l'avons vu pour les systèmes et les environnements, des parents ou un parent culpabilisants, infantilisants ou dominateurs créeront un terrain propice à la culpabilisation.

Il y a mille combinaisons possibles. En voici quelques-unes. Un parent enclin aux reproches, jouant sur la sanction, utilisant beaucoup la culpabilisation pour nous faire obéir et obtenir ce qu'il souhaite, favorisera le sentiment de culpabilité.

Une famille exigeante, tant pour elle que pour les autres, ayant une vision ou trop ou pas assez positive d'elle-même, rendra sensible à la culpabilisation.

Un parent très dominateur qui pense, sait à notre place et qui, pour notre bien, a toujours dicté notre manière de faire, de penser, d'agir incitera à la culpabilisation.

Des parents élevés eux-mêmes dans la culpabilité, ayant toujours tendance à se culpabiliser, à se justifier, à s'excuser de leurs plaisirs ou à les payer, alimenteront notre propre sentiment de culpabilité.

Un ou des parents très normatifs, rigides et autoritaires rendront sensibles à la culpabilisation. Des parents qui exprimaient peu leurs sentiments à notre égard et/ou avec lesquels le dialogue était inexistant ou difficile, également.

Pas le droit de s'affirmer

Pierre-Louis, une trentaine d'années, vient me voir. Il a déjà très bien réussi dans sa carrière professionnelle, mais l'amie avec qui il vivait depuis trois ans vient de le quitter.

Elle a pris cette décision en partie à cause du père de Pierre-Louis, homme extrêmement rigide, dominateur, froid, et dont Pierre-Louis reproduisait les attitudes et les comportements.

Pierre-Louis en souffre et prend conscience qu'il est resté très soumis, très enfant, trop dominé par son père, qu'il en a peur. Bien que lucide, il continue à subir la pression paternelle ainsi que des relations familiales plutôt impersonnelles et dénuées d'affection qui ne lui conviennent pas. Toutefois, la seule idée d'entrer en conflit avec son père le culpabilise terriblement.

Il fait tout pour éviter cette confrontation et trouve des tas d'excuses : son père ne comprendra pas, cela va le culpabiliser, il est trop tard, le mal est fait, sa mère aura du chagrin, etc. En fait, Pierre-Louis n'a pas eu le droit de s'affirmer, de s'opposer ou tout simplement de ne pas être d'accord, d'émettre son propre avis, de donner sa propre vision des choses, d'avoir ses propres valeurs, et se trouve par conséquent avec l'unique devoir, l'obligation de subir l'autorité paternelle.

Des devoirs ou des interdits particulièrement forts

Il est évident que si l'éducation a été très rigide, normative, empreinte de devoirs particulièrement forts sans parallèlement beaucoup de liberté d'expression, on aura tendance à culpabiliser.

Une tendance à la culpabilité

Des événements ou des circonstances particulières de l'histoire personnelle prédisposeront non plus à la culpabilisation mais à la culpabilité. Le divorce précoce des parents, des parents désunis, la solitude ou la maladie de l'un d'eux, le fait de ne pas avoir été désiré, etc. forgent un sentiment de culpabilité.

Des inhibitions personnelles

Outre les différents éléments évoqués, favorisant directement la tendance à la culpabilisation, d'autres facteurs (que nous ne développerons pas dans cet ouvrage) dans l'enfance et au cours de l'histoire personnelle, notamment des carences affectives, des manques de soutien, d'appuis, peuvent eux, ne pas avoir favorisé l'épanouissement naturel, l'affirmation de soi et créé ainsi indirectement un terrain favorable à la culpabilisation.

Un trop grand besoin d'amour, de reconnaissance

Si l'on a un trop grand besoin de reconnaissance et d'amour, on risque fort de culpabiliser et de s'infantiliser. D'une part, le chantage affectif devient sur soi plus facile, d'autre part, en quémandant la reconnaissance, l'affection, on se met soi-même dans un système de culpabilisation. « L'autre ne m'aime pas car je suis en faute », « Pour qu'il m'aime, je devrais... », « Pour être reconnu, il faudrait que je sois plus... »

Un manque de confiance en soi

En doutant de soi, en n'ayant pas confiance en soi, inévitablement, on laisse plus facilement le *pouvoir* aux autres.

Dès lors, on a plus que d'autres tendance à culpabiliser, dans la mesure où l'on n'est jamais sûr de soi, jamais sûr d'être dans le vrai, dans le « juste », dans son bon droit, jamais certain d'avoir raison, etc.

Une difficulté à s'affirmer, à grandir

Si l'on a du mal à s'affirmer, à grandir, on aura beaucoup plus tendance à s'infantiliser, donc à culpabiliser, en accordant toujours à l'autre plus de *pouvoir* qu'il n'en a.

La fuite devant ses responsabilités

Paradoxalement, culpabiliser est confortable ! En effet, il y a comme toujours, un bénéfice secondaire à se culpabiliser, dans la mesure où nous évitons ainsi de prendre nos vraies responsabilités. Nous évitons aussi bien de regarder en face nos zones d'ombre, nos erreurs passées que nos vrais désirs.

Culpabiliser nous évite parfois aussi de faire l'effort de nous affirmer, de nous positionner, de nous confronter aux autres, d'oser transgresser.

En effet, il est finalement souvent plus facile de se sentir coupable que de s'assumer, que d'assumer ses responsabilités non pas vis-à-vis des autres, mais seulement vis-à-vis de soi-même.

Alors pourquoi culpabilise-t-on ?

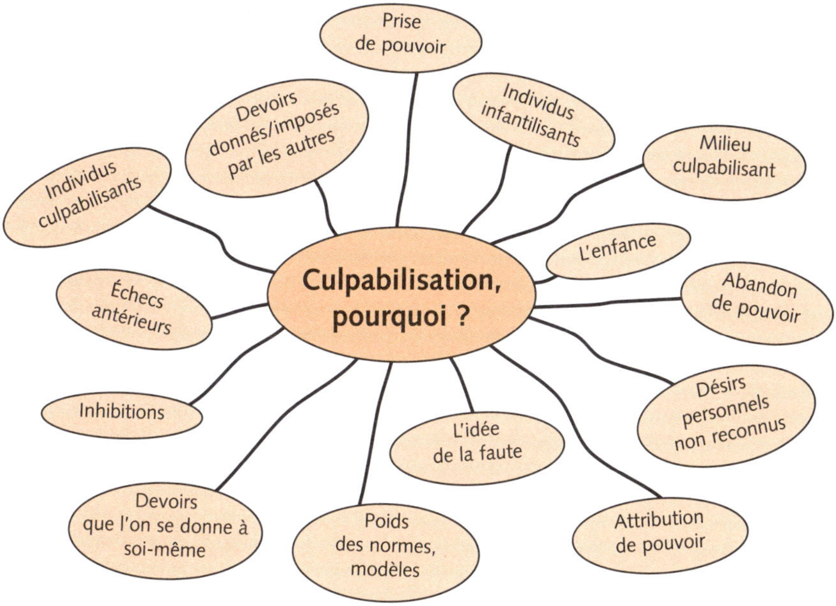

Culpabilisation ++

Enfance

Interdits

Devoirs

Poids des normes + modèles

Échec passé

Conjoncture

Individu culpabilisant, infantilisant

Échec, difficulté

Environnement culpabilisant, infantilisant

Culpabilisation – –

Moins les raisons de la culpabilisation seront profondes et anciennes, et plus votre culpabilisation sera passagère, et vice versa.

Troisième partie

Comment arrêter de « culpabiliser » ?

Si l'on veut arrêter de culpabiliser, il convient de travailler sur plusieurs plans : un plan rationnel pour prendre du recul en fonction de la situation, faire la part des choses, des responsabilités, etc. ; un plan émotionnel et plus profond pour se libérer des interdits, des peurs qui, malgré tout, sont quand même plus ou moins présents et sans lesquels on aurait nettement moins tendance à culpabiliser – car si on se culpabilise, c'est au fond par peur, peur de l'autorité, de la loi, peur de ne pas convenir, de ne pas être dans les normes, de ne pas être comme il faut, etc.

Un préalable incontournable : êtes-vous prêt à prendre vos responsabilités ?

Avant tout, demandez-vous si vous êtes prêt à prendre vos responsabilités. En effet, dans tous les cas, arrêter de se culpabiliser implique inévitablement l'aptitude à prendre ses responsabilités : vis-à-vis de soi et des autres. Qu'il s'agisse d'un comportement à modifier, de prendre position par rapport à la personne qui vous culpabilise, d'un choix à faire...

Culpabilité ou responsabilité ?

Certes, nous avons tous des reproches à nous faire, nous commettons tous des erreurs, nous manquons tous un jour à quelqu'un, nous sommes tous critiquables sur certains points, et tous imparfaits, c'est sûr. Mais nous ne sommes pas pour autant – en convenez-vous ? – *coupables*. En revanche, oui, nous sommes *responsables*. Ce qui fait une certaine différence. Nous avons des torts, des insuffisances, des devoirs envers les autres... et nous avons à nous améliorer sur beaucoup de points. En ce sens, certes, nous sommes responsables, même du tort que, volontairement ou non, nous pouvons causer à autrui – mais en aucun cas coupables.

Les résultats et bénéfices de ces deux positions, tant pour l'entourage que pour nous-mêmes, sont totalement différents. Même si cela nous demande un effort, nous avons toujours intérêt à sortir de la culpabilisation et à aller vers la responsabilisation. En effet, au-delà du malaise ressenti, la culpabilisation n'a que des conséquences négatives. C'est d'ailleurs ce qui plus ou moins nous pousse aussi à changer.

Tout d'abord, quand nous culpabilisons, nous nous empêchons, quelle que soit la situation, de trouver les réactions et/ou les actions justes. Dans la mesure précisément où nous nous sentons en faute, nous perdons toute objectivité dans l'analyse de l'événement ou de la situation. Nous sommes en quelque sorte noyés, exclusivement en proie à nos émotions. Nous allons ainsi grossir un détail, minimiser l'essentiel, ne voir que nos côtés négatifs, attribuer à l'autre un pouvoir qu'il n'a pas, en occultant le nôtre. Cette déformation de la réalité n'est guère propice à la recherche de solutions.

Parallèlement, nous craignons un jugement, des critiques, des moqueries, voire des humiliations, ce qui nous inhibe encore davantage. Enfin, puisque nous *sommes* en faute, nous attendons une sanction, une punition, et ceci nous paralyse. Cette peur, cette menace nous met uniquement sur la défensive et nous empêche dans la plupart des cas de clarifier notre position, nos arguments, nos « raisons », nos idées, nos choix.

Par ailleurs, la culpabilisation implique et entretient à la fois un état d'infériorisation et d'infantilisation, ce qui renforce notre peur de l'autre. D'une part, nous nous infériorisons puisque nous ne nous voyons qu'en *négatif* et ne nous mettons pas en position d'agir positivement. D'autre part, nous nous infantilisons, nous l'avons vu, puisque, tel un enfant, nous laissons à l'autre le pouvoir de nous juger, de nous punir.

Enfin, si, quand nous culpabilisons, nous nous méfions des autres et les craignons à cause de leur jugement et de leur sanction, nous avons également du mal à reconnaître nos faiblesses, nos fragilités, nos atouts, nos forces...

Cette double attitude rend inévitablement le dialogue avec l'autre ou avec soi-même difficile et n'est guère propice à valoriser l'image que nous avons de nous, ni à prendre la responsabilité d'un changement positif.

En effet, comment dialoguer avec l'autre d'égal à égal quand nous ne trouvons pas nos arguments, quand nous craignons une sanction, quand nous avons peur d'être punis ? Comment raisonner quand on est envahi par des émotions négatives ? Comment dialoguer avec soi-même et faire la part des choses quand on a *honte* de soi ? Enfin, comment se valoriser quand on se sent en faute, comment réagir de façon constructive ?

À l'inverse, quand nous nous *responsabilisons*, nous sommes beaucoup plus rapidement en état de prendre en compte les faits objectifs, *la globalité de la situation*, notre part de responsabilité mais également celle des autres. Ainsi, déjà, dans l'action, dans la recherche d'un positionnement plus clair, d'une situation ou d'une relation plus satisfaisante, nous trouvons beaucoup plus facilement les réponses, les attitudes et les solutions adéquates. Quand nous prenons nos responsabilités, en effet, nous recherchons la solution beaucoup plus vite et nous trouvons ainsi plus vite la réponse qui convient, l'attitude à adopter. Nous pouvons faire la part des choses, nous positionner, défendre notre point de vue, l'expliciter, être plus critique par rapport à l'autre mais aussi reconnaître nos erreurs.

Parce que nous nous confrontons à nous-mêmes et aux autres, la responsabilisation contrairement à la culpabilisation implique et favorise des relations d'adulte, d'égal à égal, où il est possible de dialoguer, d'expliquer, de proposer, de refuser. Ainsi la responsabilisation nourrit-elle toujours un peu plus la maturité et l'estime de soi.

Enfin, à nous responsabiliser, nous ne pouvons qu'évoluer puisque, dans tous les cas, même quand nous avons *totalement tort*, nous ne pouvons que progresser.

Ainsi, quand nous nous reprochons des choses, la vraie réponse, l'attitude juste est bien plus la responsabilisation que la culpabilisation, la responsabilité plutôt que la culpabilité. Nous le savons bien d'ailleurs. Mais nous *pensons* beaucoup plus culpabilité que responsabilité... Dommage, l'une fait régresser, l'autre, grandir !

Se sentir en faute ou se sentir responsable ?

Culpabilisation	Responsabilisation
Comportements	
Subjectivité/projections	Prise en compte des faits objectifs
Crainte du jugement	Recherche de solutions
Attente de la sanction	Positionnement réaliste
Relations	
Tendance à l'infériorisation	Relations d'égal à égal
Tendance à l'infantilisation	Relations « adultes »
Crainte des autres	Confrontation avec les autres
Peur de soi-même	Confrontation avec soi-même
Bénéfices	
Inhibition	Capacité à réagir
Dialogue difficile/impossible	Dialogue possible
Infantilisation	Maturité
Image de soi toujours plus négative	Image de soi toujours revalorisée
Régression	Évolution

Chapitre 6

Quelques principes de base

Dans la mesure où il existe de multiples situations dans lesquelles on peut culpabiliser, de multiples raisons aussi, vous avez intérêt dans tous les cas, surtout si vous vous culpabilisez beaucoup ou si vous êtes dans une période de forte culpabilisation, à vous demander ce qui est « en jeu » pour vous. Il est en effet incontournable de prendre conscience le plus en profondeur possible de ce qui se passe, de ce qui vous culpabilise, pour arrêter le mécanisme et ne pas vous laisser envahir. C'est d'une manière générale le premier réflexe à avoir.

Principe n° 1 – Demandez-vous toujours ce qui vous culpabilise

Mieux vous définirez la nature de votre culpabilisation, et mieux vous pourrez faire face. Qu'est-ce qui vous culpabilise exactement, de quoi vous culpabilisez-vous, quelle « faute » précise pensez-vous avoir commise ? Au fond, que vous reprochez-vous ?

Ne vous arrêtez pas à la première réponse. N'hésitez pas à creuser. On peut par exemple penser culpabiliser parce que l'on est en retard, mais à mieux y réfléchir, réaliser que l'on se culpabilise au fond, puisque précisément, on est en retard, de ne pas être parfait, de sembler laxiste, ou impoli.

On peut également culpabiliser au delà du retard, d'avoir osé pour une fois, fait passer en priorité autre chose, important pour soi, ce qui bien sûr est la cause du retard !

En fonction de ce qui vous culpabilise vraiment, les résonances et les causes ne sont pas les mêmes !

On peut se culpabiliser d'avoir fait un choix en pensant avoir abandonné une équipe et comprendre, en y pensant mieux, que l'on culpabilise parce que l'on est tout simplement dans son désir, parce que l'on n'est pas dans les normes, etc. Plus vous verrez clair, et plus vous serez en mesure de prendre vos responsabilités. De plus, la « faute », une fois nommée, paraît souvent dérisoire ou totalement irrationnelle.

Attention : il est parfois difficile de voir là où vous avez vraiment à vous questionner !

Ne vous arrêtez pas à la première réponse. N'hésitez pas à creuser.

Principe n° 2 – Faites le lien avec une personne, une relation

Demandez-vous toujours qui vous culpabilise ou qui vous a culpabilisé dans le passé. Plus encore qu'une situation, une personne, dans la mesure où elle peut exercer sur vous un pouvoir, pourra vous culpabiliser, voire vous infantiliser.

Attention : plus la relation est ancienne, affective, ou plus la personne incarne un pouvoir ou un modèle pour vous, voire clairement vous culpabilise, plus il est difficile de déjouer la culpabilisation.

Principe n° 3 – Identifiez surtout pourquoi vous culpabilisez

Repérez tout ce qui peut être à l'origine de votre culpabilisation : il y a rarement une seule raison. Maintenant, vous détenez les clés : influence de l'environnement, poids des normes, puissance de vos devoirs, manque de confiance en vous, fuite devant vos responsabilités...

Y a-t-il une personne qui a tendance à toujours vous culpabiliser ? Vivez-vous, travaillez-vous dans un milieu culpabilisant, infantilisant ? Revisitez vos échecs passés : ont-ils un lien avec votre culpabilisation d'aujourd'hui ? Identifiez bien les normes, les modèles, les valeurs dans lesquels vous avez grandi et dans lesquels vous évoluez aujourd'hui, etc.

Balayez aussi les éventuelles fragilités, inhibitions personnelles : manque de confiance, peur de l'autorité, besoin de reconnaissance, etc., qui peuvent accentuer votre tendance à culpabiliser.

Attention : il y a presque toujours au moins deux raisons coexistantes pour culpabiliser !

Principe n° 4 – Sachez identifier la vraie raison

Pour les motifs que nous avons déjà évoqués et qui peuvent nous empêcher de voir ce qui – ou qui – nous culpabilise vraiment, nous pouvons soit occulter le facteur réel qui provoque cette culpabilisation, soit le minimiser. Mais un arbre peut cacher la forêt... Il est possible d'accorder de l'importance à un échec passé alors que le plus important est le poids d'une norme, par exemple. Nous pouvons croire que quelqu'un nous culpabilise ou penser que le milieu est infantilisant, alors qu'en réalité nous refusons de prendre nos responsabilités, ou l'inverse !

Attention : nous occultons souvent la principale, la vraie raison de notre culpabilisation !

Principe n° 5 – Prenez conscience de vos « devoirs »...

Au-delà des circonstances, des personnes qui font culpabiliser, de l'intensité de votre culpabilisation, de sa fréquence, il est bon de repérer vos zones de fragilité : vos devoirs, vos interdits, vos peurs. Dans tous les cas, vous en sortirez renforcé et pourrez plus facilement être libre.

S'il existe des devoirs sociaux explicites et souvent conscients, il en existe d'autres plus inconscients qui, eux, sont de véritables entraves à l'épanouissement et des terrains extraordinairement propices à la culpabilisation.

Il est essentiel de les repérer. En voici quelques exemples :

- devoir de s'effacer ;
- devoir d'être dans les normes ;
- devoir de ne pas décevoir ;

- devoir de se taire ;
- devoir de supporter ;
- devoir de se contrôler ;
- devoir de plaire ;
- devoir de tout et toujours réussir ;
- devoir d'avoir un contrôle total sur soi ;
- devoir d'être parfait, d'être excellent ;
- devoir de se soumettre à l'autorité ;
- devoir de tout pouvoir ;
- devoir de faire son devoir ;

etc.

… et de vos interdits

Nous l'avons vu, les devoirs, quand ils sont très forts, peuvent se convertir en interdits. Là encore, si c'est votre cas, sachez les identifier pour mieux vous en libérer :

- interdit de briller ;
- interdit d'être différent ;
- interdit de se rebeller ;
- de se laisser aller ;
- interdit de déplaire ;
- interdit d'échouer ;
- interdit d'avoir des faiblesses, des failles ;
- interdit de se faire plaisir ;

etc.

Principe n° 6 – Mettez en place vos « garde-fous »

Lorsque vous aurez identifié votre devoir ou votre interdit, répétez-vous la phrase inverse. Vous réussirez ainsi petit à petit à moins vous culpabiliser.

Exemples :

- on m'a donné le devoir de m'effacer – J'ai le droit de me montrer, de passer en premier ;
- on m'a interdit de me montrer – Je me donne le droit de me montrer, de passer en premier ;
- on m'a donné le devoir d'être dans les normes – J'ai le droit de ne pas être dans les normes ;
- on m'a interdit d'être différent – Je me donne le droit d'être différent ;
- on m'a donné le devoir de plaire – J'ai le droit de ne pas plaire ;
- on m'a interdit de déplaire – Je me donne le droit de déplaire ;
- on m'a donné le devoir de réussir – J'ai le droit de ne pas tout réussir ;
- on m'a interdit d'échouer – Je me donne le droit d'échouer ;
- on m'a donné le devoir de faire mon devoir – J'ai le droit de ne pas faire mon devoir ;
- on m'a interdit de me faire plaisir – Je me donne le droit de me faire plaisir ;

etc.

Principe n° 7 – Demandez-vous quoi mettre en œuvre

Commencez à vous demander ce qu'il faudrait que vous mettiez en œuvre pour arrêter de culpabiliser et prendre vos responsabilités : réactions, attitudes, discours, choix... Cela vous aidera à la fois à mettre le doigt sur ce qui vous empêche de réagir, ce qui vous fait peur et que vous évitez d'affronter, et, en même temps, vous commencerez concrètement à changer.

Principe n° 8 – Et demandez-vous encore si vous êtes prêt à prendre vos responsabilités, toutes vos responsabilités...

Dans la mesure où nous avons toujours un peu tendance, par facilité, par peur, pour nous protéger aussi, à fuir nos responsabilités, demandez-vous si vous êtes prêt à présent à prendre vos responsabilités, toutes vos responsabilités...

Récapitulons

- Demandez-vous toujours ce qui vous culpabilise.
- Faites le lien avec une personne, une relation.
- Identifiez surtout pourquoi vous culpabilisez.
- Sachez identifier la vraie raison.
- Prenez conscience de vos « devoirs »... et de vos interdits.
- Mettez en place vos « garde-fous ».
- Demandez-vous quoi mettre en œuvre.
- Et demandez-vous encore si vous êtes prêt à prendre vos responsabilités, toutes vos responsabilités...

Chapitre 7

Plus précisément, comment arrêter de culpabiliser quand...

… quelqu'un vous culpabilise

Identifiez comment on vous culpabilise

Après avoir repéré qui vous culpabilise ou qui cherche à vous culpabiliser, identifiez comment. Le fait d'en être conscient vous aidera à prendre le recul nécessaire, à vous soustraire précisément à l'influence ainsi établie. Souvent, dans l'émotion et la confusion, on ne voit pas comment on est atteint. Mieux vous comprendrez comment l'autre vous « touche », plus vous échapperez à son pouvoir.

Voici une liste de petits faits « assassins », qui ne peut être exhaustive car dans ce domaine la créativité est grande, mais relativement complète toutefois. Aussi grossier que soit le procédé, il reste néanmoins difficile à percevoir pour celui qui se culpabilise.

L'autre peut, s'il s'agit de votre patron ou d'une relation professionnelle, même si la séparation n'est pas étanche avec la sphère privée :

- ne rien dire, ni en positif, ni en négatif ;
- ne dire que le négatif, jamais le positif ;
- faire mine de poser des questions pour souligner ce qui n'a pas été fait ;
- minimiser vos résultats, vos actions, vos efforts ;
- faire des remarques, des reproches ;
- poser toujours plus d'exigences ;
- ne jamais faire de compliments ;
- vous humilier face à d'autres ;
- se mettre dans le rôle de l'ultra compétent ;
- se mettre dans le rôle de l'infaillible ;
- ne créer aucun dialogue ;
- cacher des choses ;
- ne jamais parler franchement ;
- diviser pour mieux régner ;
- être injuste ;
- abuser de son pouvoir ;
- jouer sur l'affectif ;
- ne pas donner de signes de reconnaissance ;
- être lunatique ;

etc.

Attention : nous risquons de ne rien voir quand c'est évident ou très subtil !

S'il s'agit de votre conjoint, d'un membre de votre famille, d'un ami, l'autre peut :

- porter un jugement négatif sur vos choix, vos valeurs, vos comportements ;
- ne pas communiquer, ne pas dialoguer ;
- ne jamais parler de lui, notamment de ses difficultés ;
- ne dire que le négatif ;
- minimiser vos résultats, vos actions, vos efforts ;
- toujours faire des remarques, des reproches ;
- poser toujours plus d'exigences ;
- ne jamais faire de compliments ;
- vous humilier face à d'autres ;
- chercher à se valoriser, particulièrement en présence d'autres personnes ;
- ne jamais parler franchement ;
- être dans la séduction ;
- abuser de son pouvoir ;
- accorder peu d'importance à ce que vous faites ;
- jouer sur l'affectif ;
- faire des demandes abusives ;

etc.

Dans la mesure où il s'agit de relations affectives fortes, qui comptent pour vous, vous avez tendance à vouloir être au mieux, le plus parfait possible.

Identifiez pourquoi on vous culpabilise

Comprendre pourquoi l'autre agit ainsi, pourquoi, consciemment ou inconsciemment, il cherche à vous culpabiliser et/ou à vous infantiliser est important pour prendre le recul nécessaire et aussi entrevoir ses faiblesses. En effet, paradoxalement, une personne qui cherche à en culpabiliser une autre a forcément une fragilité quelque part.

L'autre cherche-t-il un pouvoir, une influence sur vous pour manipuler, obtenir davantage, vous faire faire ce qu'il veut, mieux négocier, etc. ? A-t-il, éprouve-t-il tout simplement le plaisir du *plus de pouvoir* ? Cherche-t-il, en vous culpabilisant, à se débarrasser d'un problème, à vous en faire porter la responsabilité ?

Fonctionne-t-il lui-même dans la culpabilité et vous fait-il subir la même pression que celle qu'il subit ? Compense-t-il ses propres frustrations ? Vous culpabilise-t-il parce qu'il est lui-même empreint de normes, de modèles sans même s'en rendre compte ? Etc.

Sachez décoder la peur de l'autre

Souvent, quand l'autre nous culpabilise, c'est paradoxalement qu'il a peur : peur d'être jugé, d'être pris en faute. Il peut se protéger d'« attaques » possibles, d'une éventuelle remise en cause. Il peut aussi être particulièrement anxieux. Il peut prendre les devants pour éviter que l'on puisse porter un jugement sur lui. Il peut douter de lui, ne pas avoir confiance : peut-être ne se sent-il pas compétent, à la hauteur ?

Identifiez pourquoi vous abandonnez votre pouvoir

Si l'on abandonne son pouvoir face à quelqu'un, c'est que nous l'on a peur. Identifiez votre propre peur :

- Avez-vous peur de l'autorité ?
- Avez-vous peur du conflit ?
- Avez-vous peur de déplaire ?
- Avez-vous peur de n'être pas entendu ?
- Avez-vous peur de n'être pas reconnu ?
- Avez-vous peur de ne pas/plus être aimé ?

Etc.

Prenez conscience de vos propres projections

Nous l'avons vu, on attribue parfois soi-même un pouvoir à l'autre, parce qu'il incarne pour soi un modèle ou que l'on projette sur lui ses propres craintes, et on culpabilise.

Or, s'il est difficile parfois de reconnaître qui nous culpabilise, il n'est pas toujours aisé d'admettre que c'est nous seuls qui sommes à l'origine de notre culpabilisation.

- Qu'est-ce que cette personne incarne pour vous ?
- À quelle personne ou quel type de personne vous fait-elle penser ?
- Repérez bien, dans votre passé, dans vos modèles, ce à quoi elle vous renvoie : autorité, réussite, pouvoir... ?

Etc.

Repérez les vrais reproches à vous faire

Faites-vous les reproches que vous avez vraiment à vous faire. Et essayez d'y remédier. Valorisez le positif et mettez des limites, un contour. Objectivez la situation.

Récapitulons

- **Identifiez comment on vous culpabilise.**
- **Identifiez pourquoi on vous culpabilise.**
- **Sachez décoder la peur de l'autre.**
- **Identifiez pourquoi vous abandonnez votre pouvoir.**
- **Prenez conscience de vos propres projections.**
- **Repérez les vrais reproches à vous faire.**

... on vous fait des reproches

Quand on vous fait des reproches, plusieurs cas de figure sont possibles. Soit vous avez toujours plus ou moins un sentiment de culpabilité et/ou déjà l'habitude de vous faire des reproches, les mêmes que ceux que l'on vous fait, ou d'autres. Les reproches qui vous sont adressés ne viennent alors que réactiver cette tendance. S'il s'agit des mêmes reproches que ceux que vous êtes porté à vous faire, c'est qu'ils contiennent probablement une part de vérité, ce qui peut vous faire culpabiliser d'autant plus... ou prendre plus vite vos responsabilités.

Soit, à l'inverse, vous avez d'une manière générale peu tendance à vous sentir en faute, mais ces reproches-là vont particulièrement vous culpabiliser :

- soit parce qu'ils sont justes ;
- soit parce que la personne, dans sa manière de vous les adresser, vous culpabilise ;
- soit parce que vous n'avez pas l'habitude de vous faire vous-même des reproches, ni celle de vous remettre en cause.

La culpabilisation, le malaise ne peuvent en être d'ailleurs que plus aigus.

Identifiez si ces reproches sont justifiés

Identifiez tout d'abord si ces reproches sont justifiés. S'ils ne le sont pas, cherchez à savoir si l'autre n'est pas en train de vous culpabiliser. Et si oui, comment et pourquoi ?

S'ils le sont complètement ou en partie, regardez les choses en face : Qu'avez-vous vraiment, objectivement, à vous reprocher ?

Soyez honnête avec vous-même, allez au fond des choses, regardez même ce qui vous déplaît. Reconnaissez vos erreurs, vos limites, vos insuffisances. Plus vous allez isoler, si c'est le cas, ce que vous avez à vous reprocher, moins vous allez culpabiliser. C'est ainsi seulement que vous allez pouvoir prendre vos responsabilités.

Ne vous laissez pas envahir par la culpabilité

Prenez du recul. Parlez-en franchement à des personnes de confiance. Souvent, comme nous nous culpabilisons, nous avons honte et n'osons pas en parler. Nous ruminons et tournons en rond.

Prenez en compte le positif

Si possible, faites s'exprimer l'autre sur le positif qui est en vous… Cela l'oblige à se positionner et à rétablir un équilibre.

Faites un retour sur le passé

Dans le passé, avait-on tendance à vous faire des reproches ? Avait-on tendance à vous culpabiliser ? Si c'est le cas, faites la distinction avec la situation présente, sinon vous ne trouverez pas les bons arguments éventuels, ni les bonnes solutions.

Revisitez vos échecs

Si vous avez eu des échecs dans le passé, évitez de tout amalgamer. Les reproches que l'on vous fait aujourd'hui, fondés ou non, n'ont peut-être rien à voir avec vos échecs passés. Si, à l'inverse, vous voyez une corrélation, profitez-en pour mettre tout à plat, reconnaissez votre part de responsabilité. Mais ne vous laissez pas parasiter !

Récapitulons

- **Identifiez si ces reproches sont justifiés.**
- **Ne vous laissez pas envahir par la culpabilité.**
- **Prenez en compte le positif.**
- **Faites un retour sur le passé.**
- **Revisitez vos échecs.**

… vous rencontrez une difficulté professionnelle, personnelle, relationnelle

Même quand vous n'avez pas une grande propension à vous sentir en faute, les périodes difficiles, tendues sont toujours les plus critiques, celles où le risque de culpabiliser est le plus grand.

Toutefois, que l'on vous fasse des reproches, que vous vous en fassiez vous-même ou bien que la réalité vous donne « tort » dans la mesure où il y a « sanction », l'essentiel est toujours de faire la part des choses et, une fois encore, de prendre ses responsabilités.

Analysez vraiment ce que vous avez à vous « reprocher »

Souvent, que nous nous culpabilisions ou non, mais à fortiori quand c'est le cas, nous ne nous faisons pas forcément les « bons » reproches ou, plus précisément, les reproches justes.

Nous finissons d'ailleurs par nous en apercevoir car la situation alors n'évolue pas. Or, il est important d'identifier les reproches réels à se faire si cela est nécessaire ; car c'est seulement à partir de là que nous pouvons commencer à remédier au problème.

En effet, comme l'on nous donne, ou que nous avons l'impression d'être en faute, nous avons souvent du mal à identifier les vrais reproches à nous faire. Il est d'autant moins facile d'accepter le négatif que nous ne voyons pas le positif. Nous pouvons parfois ne rien vouloir *voir* tant nous nous culpabilisons et sommes en pleine confusion. Par ailleurs, culpabilisés, nous avons encore plus tendance à nous soumettre aux valeurs ambiantes et à être sensibles aux discours dominants. Enfin, se faire les reproches justes induit une véritable remise en cause, ce dont nous n'avons pas toujours envie.

Ainsi, se faire un bon reproche requiert parfois une réelle réflexion et beaucoup d'honnêteté.

Attention : un petit reproche peut en cacher un autre !

Il y a, par exemple, des reproches *faciles*, parce qu'à la mode. Ce sont les premiers qui viennent à l'esprit. Ne pas être « mobile », ne pas être « assez cool », ne pas « bien communiquer », etc. En réalité, il s'agit souvent de points sur lesquels vous-même ne vous culpabiliseriez pas et vous ne vous reprocheriez rien si vous n'aviez pas le sentiment que c'est ce qu'attendent ou valorisent les autres.

Il existe les reproches *superficiels*. Même s'il y a une part de vrai, nous n'allons pas suffisamment au fond des choses en nous accusant par exemple de « travailler trop », « ne pas être assez disponible », « être stressé », « trop sortir » ou « pas assez »... ! Ces états de fait ne sont, la plupart du temps, que les signes d'une difficulté plus profonde.

Il est possible aussi de se faire des reproches de fond, mais *trop vagues* : « ne pas avoir fait les bons choix », « ne pas avoir pris ses responsabilités », « avoir tout raté ». La question à se poser dès lors est : pourquoi ? Un reproche ne présente d'intérêt que s'il est assez précis, ciblé, pour permettre de travailler sur soi. C'est sur le « pourquoi vous n'avez pas fait le bon choix ou pas réussi ce que vous désirez » que vous avez intérêt à vous questionner.

De même, il y a les *faux* reproches. Faux en ce sens que nous nous reprochons une chose que nous ne pouvons pas ou plus changer : « ne pas parler l'anglais », « ne plus être assez jeune », « trop jeune », « trop diplômé », « pas assez »... Ces reproches sont donc inutiles et n'ont souvent rien à voir avec le réel problème à résoudre.

Prenez en compte la ou les responsabilités des autres

Dans toute difficulté, même en cas d'échec nous sommes rarement seuls en cause. Les responsabilités, tant dans la vie personnelle que professionnelle, même si ce n'est pas immédiatement visible et si l'autre cherche à nous faire jouer le mauvais rôle, sont la plupart du temps partagées.

Par exemple, sur le plan professionnel, l'autre peut ou a pu :

- vous utiliser ;
- ne pas avoir prêté suffisamment attention à vos motivations et à vos compétences, à vous-même, tout simplement ;
- ne pas vous avoir suffisamment « briefé » ;
- ne pas avoir été suffisamment clair sur ce qu'il attendait ;
- ne pas avoir dit les choses à temps ;
- avoir mal évalué vos potentiels.

Et, sur le plan personnel, l'autre peut ou a pu ne pas favoriser le dialogue, être trop en demande, etc. C'est parfois sa propre attitude qui peut provoquer chez vous des comportements certes non adéquats, mais que vous n'auriez peut-être pas s'il réagissait autrement.

Prenez en compte la situation globale

Certes, vous avez des choses à vous reprocher : vous pensez par exemple ne pas avoir fait le bon choix à un moment donné, mais peut-être ne pouviez-vous pas tout prévoir, peut-être à l'époque aviez-vous d'autres priorités...

Sachez repérer le positif

Identifiez tout ce que vous faites « bien », tous les domaines où vous n'avez rien à vous reprocher. Nous avons toujours tendance à amplifier le négatif et à ne pas voir le positif.

Décodez les normes, modèles et les valeurs des autres

Nous rencontrons parfois des difficultés parce que l'autre ou les autres cherchent à imposer leur modèle, leurs normes, leurs valeurs, qui en réalité ne nous conviennent pas. Il est alors important d'en prendre conscience et, parallèlement, d'identifier en quoi vous-même êtes différent.

Faites un retour sur le passé

Dans le passé, avait-on tendance à vous culpabiliser ? Aviez-vous déjà l'impression qu'il vous fallait entrer dans le moule ? Avait-on tendance à vous accepter comme vous étiez ?

Attention : plus on vous a culpabilisé et plus vous aurez du mal à faire la part des choses !

Faites un vrai bilan

Une fois encore, nous avons tous des reproches à nous faire. Pour y voir clair, il est toujours important d'analyser et de distinguer :

- en quoi nos « manques » sont indifférents pour nos performances, notre image, notre réussite, notre bonheur : dans ce cas, c'est à nous de choisir de changer ou de nous accepter tels que nous sommes, à savoir imparfaits !

- en quoi ils sont un « plus » : dans ce cas, nous avons plutôt intérêt à les valoriser ;
- en quoi ils risquent d'être négatifs : dans ce cas, ou il faut chercher à pallier, compenser, se modifier, ou il faut changer d'univers, de milieu.

N'exigez pas d'être parfait

Avez-vous tendance à être très exigeant avec vous-même ? À vouloir être parfait ? À avoir du mal à vous remettre en cause ?

Plus vous êtes exigeant, plus vous allez culpabiliser, et plus vous risquez aussi d'avoir du mal à faire la part des choses, non seulement à prendre en compte les responsabilités de l'autre, mais à voir ce que vous avez vraiment à vous reprocher. Peut-être est-ce d'ailleurs précisément d'être trop exigeant, de vouloir être parfait ?

Faites tout pour communiquer

Reconnaissez vos erreurs. Préparez des arguments sur le positif. Préparez si possible des arguments sur les reproches éventuels et réels. Cherchez un terrain de dialogue. Proposez et présentez si possible à l'autre ou du moins à vous-même ce que vous comptez faire pour améliorer la situation.

Prenez vos responsabilités

Vous avez peut-être probablement à évoluer sur un point. Si c'est le cas, prenez vos responsabilités mais ne vous culpabilisez pas.

Si vous pouvez changer ce que vous vous reprochez, faites-le. Si vous ne pouvez pas, vous pouvez :

- soit accepter le fait, en essayant d'en tirer des leçons pour l'avenir ;
- soit vous orienter autrement, faire un autre choix.

Récapitulons

- **Analysez vraiment ce que vous avez à vous « reprocher ».**
- **Prenez en compte la ou les responsabilités des autres.**
- **Prenez en compte la situation globale.**
- **Faites un retour sur le passé.**
- **Faites un vrai bilan.**
- **N'exigez pas d'être parfait.**
- **Faites tout pour communiquer.**
- **Prenez vos responsabilités.**

… vous êtes en situation d'« échec »

Si l'échec favorise la culpabilisation, l'un et l'autre ne sont toutefois pas indissociablement liés. Même si dans notre culture on a, c'est vrai, tendance à culpabiliser et à mal vivre les échecs, ce n'est malgré tout nullement une obligation !

Ne « plongez » pas

Quand nous sommes en situation d'échec, nous avons tendance à plonger dans la culpabilisation, à mal le vivre, d'autant que la sanction tombée est bien la preuve que nous sommes coupables ! Rien – ou presque – ne peut davantage nous donner l'impression d'être en faute.

Le risque, c'est de finir par croire que nous sommes vraiment mauvais, dans la faute. Il est très difficile alors de ne pas culpabiliser. Même dans le cas où nous avons une très grande responsabilité dans ce qui est en train de se passer, culpabiliser ne sert à rien et, de plus, empêche de trouver les solutions.

Ne jouez pas les victimes

Jouer les victimes pour ne pas assumer ses responsabilités est une mauvaise solution. En effet, le meilleur moyen de sortir de la culpabilité est de prendre ses responsabilités, de se remettre en cause et/ou de se positionner, voire de se confronter aux autres. Toutefois, nous avons tous plus ou moins tendance, précisément pour éviter d'avoir à le faire, à nous plaindre de la situation et à nous contenter d'accuser les faits extérieurs, les autres, l'autre. Même si, dans certains cas, il peut y avoir une part de vérité, cela n'empêche pas que nous ayons de toute manière à prendre nos responsabilités.

Regardez vos erreurs en face

Lorsque vous avez des reproches à vous faire, regardez vos torts, vos erreurs en face. Analysez objectivement, calmement, les raisons de l'échec et ce que vous auriez pu faire d'autre.

Comme la charge émotionnelle est souvent importante quand nous sommes en situation d'échec, dans la mesure où il y a souvent un « deuil » à faire ; celui d'un espoir, d'une personne, d'une ambition, on est encore moins objectif et on a tendance à (se) voir tout en noir.

Faites la part des responsabilités

Certes, vous avez votre part de responsabilité, mais là encore vous n'êtes probablement pas seul à la porter. Et même si, configuration extrêmement rare, c'était le cas, apaisez-vous en vous disant que de toute manière, à ce moment-là de votre vie, de votre lucidité, vous ne pouviez pas faire autrement. Sinon, vous allez rester bloqué.

Décodez les normes, modèles, valeurs du « milieu » où vous n'avez pas réussi

Repérez les normes, modèles, valeurs dominantes du milieu dans lequel vous avez *échoué* et essayez d'analyser s'ils ont eu un impact sur votre situation d'aujourd'hui. Si c'est le cas, repérez alors en quoi vous êtes « différent ». Analysez vos propres normes, valeurs, désirs, besoins. Voyez en quoi et comment vous allez pouvoir davantage en tenir compte à l'avenir, si tel est votre choix ou si cela s'avère nécessaire pour votre réussite future.

Revisitez vos échecs

Avez-vous connu des échecs ? Similaires ou différents ?

Retrouvez-vous des reproches identiques à vous faire ?

Faites un retour sur le passé

Faites un retour sur le passé et posez-vous les bonnes questions :

- L'échec était-il permis/interdit dans la famille ?
- N'avez-vous eu que des modèles de réussite ?
- Vous étiez-vous juré de tout réussir ?
- Ou de réussir précisément ce que vous venez de rater ?

Analysez pourquoi cet échec est aussi difficile à vivre

Est-ce un échec pour vous ou par rapport aux autres ? Par rapport :

- à votre famille ?
- à ce que vous vous étiez fixé ?
- aux normes de votre milieu ?
- aux modèles de votre milieu ?
- aux valeurs de votre milieu ?

Revoyez tous ces points. Qu'en dites-vous à présent ?

Tirez-en les leçons

Nous apprenons davantage de nos erreurs et de nos échecs que de nos réussites. Profitez de cet échec pour mettre les choses à plat, pour identifier ce que vous avez à modifier, à changer dans vos agissements, votre comportement, votre manière de voir. Les vrais échecs sont ceux qui n'apportent rien.

Regardez aussi le positif de la situation

Cet échec va peut-être pouvoir vous permettre d'avancer, de repartir, d'être plus proche de vous-même, en tout cas de faire une mise au point, ce qui n'est déjà pas si mal, surtout quand on veut réussir la suite !

Et allez de l'avant !

Même si vous avez une grosse part de responsabilité, une fois analysées les raisons de l'échec, une fois les leçons tirées, les résolutions prises, allez de l'avant.

Récapitulons

- Ne « plongez » pas.
- Ne jouez pas les victimes.
- Regardez vos erreurs en face.
- Faites la part des responsabilités.
- Décodez les normes, modèles, valeurs du « milieu » où vous n'avez pas réussi.
- Revisitez vos échecs.
- Faites un retour sur le passé.
- Analysez pourquoi cet échec est aussi difficile à vivre.
- Tirez-en les leçons.
- Regardez aussi le positif de la situation.
- Et allez de l'avant !

Les situations que nous allons aborder maintenant ont à priori des origines plus complexes, plus anciennes et très personnelles, qui relèvent, dans la majorité des cas, d'une introspection plus approfondie. Nous pouvons toutefois tenter de limiter le sentiment de culpabilité par quelques conseils qui parfois s'avèrent suffisants.

… vous avez à vous affirmer

Se culpabiliser par rapport à des réactions, des comportements que nous aurions dû avoir ou non, et qui peut-être risquent d'être négatifs pour soi en termes d'image, de résultats, de relations, est une chose. Mais se culpabiliser par rapport à des actes, des prises de position, des décisions, dont les conséquences sont à priori toutes positives pour soi, en termes de plaisir, d'avancement, de positionnement, d'avenir, etc., prouve qu'au-delà de la culpabilisation il existe une forte tendance à la culpabilité ou un manque de confiance en soi, un interdit vraiment difficile à transgresser.

Faites le point sur vos arguments, vos désirs

En fonction de la situation, faites le point sur vos désirs, vos besoins, vos arguments. Considérez à priori qu'ils sont légitimes.

Posez vous les bonnes questions

Il y a probablement dans votre histoire une personne, un contexte, un environnement, une éducation qui n'ont pas favorisé votre expression, votre affirmation. Identifiez-les, le plus précisément possible. Demandez-vous aussi ce que représente l'autorité pour vous. Face à qui, enfant, aviez-vous peur de vous affirmer ?

N'abandonnez pas votre pouvoir

N'abandonnez pas votre pouvoir. Faites-vous confiance. Vous êtes à présent dans un monde d'adultes où chacun peut exprimer son point de vue.

Limitez le pouvoir de l'autre

Limitez le pouvoir de l'autre. Regardez-le tel qu'il est, avec le pouvoir *réel* qu'il a sur vous aujourd'hui. Cessez de le magnifier, de l'idéaliser.

Visualisez les bénéfices pour vous

Au lieu d'imaginer des sanctions ou des conséquences négatives, visualisez tous les bénéfices pour vous, tout ce que vous avez à gagner, cela vous aidera à prendre vos responsabilités et à vous affirmer.

Récapitulons

- Faites le point sur vos arguments, vos désirs.
- Posez vous les bonnes questions.
- N'abandonnez pas votre pouvoir.
- Limitez le pouvoir de l'autre.
- Visualisez les bénéfices pour vous.

... vous savez que vous pourriez faire, « être » mieux

Repérez les progrès à faire

Faites-vous, sans culpabiliser, les reproches nécessaires, s'ils sont justifiés, en en tirant les leçons. Et pensez-y la prochaine fois. Tracez des axes de progrès.

Toutefois, attention ! Il ne faut pas non plus être trop perfectionniste, idéaliste, entier, au risque de ressentir en permanence un sentiment latent, sinon de culpabilité, du moins d'insatisfaction.

Autoanalysez-vous

Demandez-vous pourquoi :

- vous avez du mal à vous accepter tel que vous êtes ?
- vous êtes si exigeant avec vous-même ?
- vous avez un tel désir de perfection, de maîtrise ?

Qui vous êtes-vous promis un jour de ne jamais décevoir ? Vous-même ? Qui d'autre ? Pourquoi ? Qui ne désirez-vous pas aujourd'hui décevoir ?

Êtes-vous prisonnier de normes, de modèles qui ne vous correspondent pas vraiment, mais qui sont devenus pour vous un « idéal » ?

C'est en cherchant avec de plus en plus de finesse dans tout ce qui peut vous empêcher de vous accepter tel que vous êtes, tant avec vos qualités qu'avec vos limites, que vous ne culpabiliserez plus de ne pas être comme vous aimeriez... d'autant que souvent, tout au fond de vous, ce n'est même pas forcément ce que vous désirez.

Identifiez vos peurs

Identifiez les différents freins qui vous empêchent aujourd'hui encore de vivre, de faire, de dire ce que vous désirez. Cela vous entraînera peut-être très loin dans le passé. Voici quelques pistes.

- Repérez le pouvoir qu'une personne a pu jadis avoir sur vous.
- Prenez conscience de tous les devoirs, obligations, interdits qui ont pu être et qui sont encore aujourd'hui les vôtres.
- Sachez repérer la tendance, non plus à la culpabilisation, mais à la culpabilité cette fois, que vous pouvez avoir.

Récapitulons

- Repérez les progrès à faire.
- Autoanalysez-vous.
- Identifiez vos peurs.

… vous culpabilisez tout le temps

Reste à savoir s'il s'agit de faits anodins, essentiels, ou les deux. Si votre culpabilisation est générale, latente, fréquente notamment, s'il s'agit des aspects essentiels de votre vie : choisir un métier, un compagnon, changer de vie, etc., vous avez davantage tendance à la culpabilité qu'à la culpabilisation. C'est l'état – vous le savez – le plus lourd à porter. Il existe là, sans aucun doute, des inhibitions profondes et des freins puissants. Il y a probablement eu un facteur important dans votre histoire personnelle, dans votre enfance, qui vous pousse à tant culpabiliser. Même si ce n'était pas dramatique, cela vous a marqué, et suffisamment pour en tirer le sentiment que vous n'êtes pas assez bien, que vous faites toujours mal, du mal, que vous n'avez pas le droit, etc.

Faites la même démarche que précédemment, mais, s'il s'agit de culpabilisations très anciennes et enracinées, avec les parents par exemple, il conviendrait (si cela vous empêche vraiment de faire des choix, de vivre votre vie ou empoisonne votre quotidien) d'entamer un travail sur vous-même plus approfondi pour remonter à l'origine du blocage et vous en libérer.

D'autre part, si vous culpabilisez en permanence, vous avez peut-être aussi une très forte tendance à ne pas vous responsabiliser, à ne pas prendre vos responsabilités. Ces deux pôles se rejoignent à un moment donné et peuvent même être les deux faces d'une même médaille. Forte culpabilité et difficulté ou refus de prendre ses responsabilités, en d'autres termes, de grandir, peuvent être les deux faces du même problème. On peut en effet refuser de prendre ses responsabilités et même rester un enfant, par culpabilité d'exister, de vivre, de grandir.

Attention : si vous culpabilisez en permanence mais surtout, et presque uniquement, quant à des faits plus anodins qu'essentiels, il peut s'agir aussi d'anxiété, d'immaturité, de manque de confiance.

Dix derniers conseils pour ne plus culpabiliser

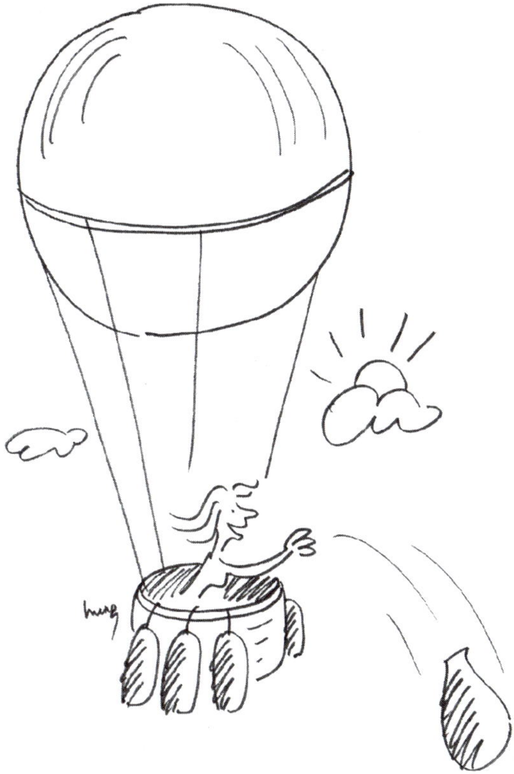

■ *Acceptez de culpabiliser !*

Accepter de culpabiliser est déjà, paradoxalement, une manière de s'en libérer, dans la mesure où c'est reconnaître sa faute ou l'absence de faute, son droit à la faute ou plutôt à l'erreur. C'est donc se libérer.

■ *Regardez en face vos erreurs !*

■ *Acceptez-vous tel(le) que vous êtes !*

Plus vous vous accepterez avec vos – vraies – forces et faiblesses, moins vous vous culpabiliserez.

- ***Osez tenir compte de vos désirs !***

- ***Assumez vos choix !***

- ***Ne vous en référez qu'à vous-même !***

Vous seul au fond savez en toute conscience ce que vous avez à faire. Alors, ne vous soumettez pas systématiquement à une autorité supérieure.

- ***Donnez-vous vos propres autorisations !***

- ***Ne culpabilisez pas de culpabiliser !***

- ***Ne vous enfoncez jamais dans la culpabilité. Vous serez de toute façon obligé d'en sortir un jour.***

- ***Prenez vos responsabilités !***

C'est vraiment le seul moyen d'arrêter de culpabiliser.

Un dernier mot

Nous culpabilisons finalement aussi bien par rapport à nos erreurs, nos faiblesses, nos incapacités que par rapport à nos désirs, nos forces, parfois notre différence.

Dimension négative ou positive en nous que nous n'avons en réalité pas encore acceptée, intégrée.

Dans un cas, nous avons honte, dans l'autre, nous ne nous autorisons pas – en avons-nous honte aussi ? – nos émotions, nos talents, nos regards, notre plaisir...

C'est accepter l'un et l'autre, le positif et le négatif en soi, qui permet petit à petit de ne plus se culpabiliser et d'être simplement responsable de soi-même.

Table des matières

Dépôt légal : novembre 2003

Imprimé en Allemagne
par Clausen & Bosse